JN074330

- [ ] 周りに厳しい人が多い
- [ ] 悩みがなくて幸せそうに見える友だちがいる
- [ ] 苦手な人が身近にいる
- [ ] 人から責められやすい、自分にだけ強く当たってくる人がいる
- [ ] いじられてイヤな気分になることが多い
- [ ] 周りがやりたくなさそうな仕事を引き受けている
- [ ] パートナーになる人は「不幸な人」が多い
- [ ] 自由に過ごしている人を見るとモヤモヤする
- [ ] 失敗している人を見るとイライラしてくる
- [ ] やりたいことが見つからない

なんか
勝手に
人生が
よくなる

やめること リスト

本田晃一

はじめに

仕事も恋愛もうまくいかない……。

人間関係で疲れてしまう……。

このように、なんとなーく、自分の人生がどんよりとしている。

がんばっていないから？　努力が足りないから？

いいえ、むしろ逆です。

もし3個以上当てはまるのなら、一度自分のがんばり方を見直してみてほしいのです。なぜなら、このような状況を引き寄せてしまう人は、「誰かのためにがんばっている」のかもしれないから。

誰かのためにがんばる人は、根本的に優しい人なんだと思います。

喜んでもらいたい、役に立ちたい、幸せにしてあげたい――。

こんなにすてきな心の持ち主なのに、なぜ今つらいのかといったら、何かしら「やりたくないこと」を我慢してやっているからでしょう。そして、なぜ我慢してまでやっているのかというと、自分がそれをすることで、誰かが喜んだり助かったりすると信じているからです。

これって、ものすごく優しいですよね。他者に対する愛情にあふれています。

でも不思議です。

こんなに優しくて愛情にあふれていたら、周囲も優しくて愛情にあふれていてもおかしくありません。それなのに、人間関係や仕事、恋愛でつらく苦しい思いをしているなんて、まったく道理に合わないと思いません?

じつはそこが、愛情のややこしい仕組みなんです。

ざっくり言うと、誰かのためにがんばる優しい人ほど、回り回ってつらい思いをしやすいメカニズムがあるのです。

このメカニズムを反転させる方法は1つ。自分の「本音」を優先させてあげること。

自分の本音に正直な人は、わがままで嫌われると思っているかもしれません。

でもじつは、本音に従ったほうが愛されるし、味方も増えやすい。

そうして、びっくりするくらいきらきらと光り輝く人生になるんです。

とはいっても、どうしたら自分の本音に正直な人になれるの?

こう思う人のために、「やめることリスト」をつくりました。

自分らしさを取り戻すには、新しいことを「はじめる」のではなく、今あることを「やめる」のが一番の近道です。

これまでたくさんがんばってきたのだから、もうやることを増やす必要はありません。

本書で紹介することを「やめてみる」だけでいいんです。

この提案が少しでもみなさんの心のハードルを下げ、本書が、より幸せな人生の一歩を踏み出すきっかけになれたら、これほどうれしいことはありません。

本田晃一

『なんか勝手に人生がよくなる　やめることリスト』もくじ

1章

「人間関係」でついついがんばっちゃう人へ

2章

「仕事」で ついついがんばっちゃう人へ

3章

「恋愛」で ついついがんばっちゃう人へ

- 終章 -

本音の純度を高める

本音をぴかぴかに磨き上げる

序 章

「自分の本音」を見つける心の旅に出かけよう

「がんばる」って、じつは苦しくないんです

承認欲求を満たすがんばりは、誰のため？

人間は本来、がんばる生きものです。

何かを成し遂げるためにがんばる。これが生きる原動力になったりもする。この点で「そんなことないと思うよ」っていう人は、おそらくいないでしょう。今、本書を開いているみなさんも、きっとがんばり屋さんなんだと思います。

実際、がんばるのって、ぜんぜん悪くないことです。素晴らしいと思います。

ただ、ちょっと振り返ってみてほしいのは、

そのがんばりは誰のため？

何のためにがんばるんだろう？

ということ。

本書で僕がみなさんに伝えたいことを結論からいってしまうと、**誰かのためにがんばるよりも、自分のためにがんばったほうが、幸せになりやすいんです。**

では、もう一歩踏み込んで。

今、言った「自分のためのがんばり」とはいったいどんなものでしょうか？

・友だちに「楽しそう」って思われたい
・上司や先輩、同僚に評価されたい
・恋人に褒められたい

人には誰しも、周りの人たちに認められたいという「承認欲求」があります。

そういう「自分の願望」のためにがんばるっていうのは、「自分のためのがんばり」と言える……わけではないんです。

なぜなら、**他者という「自分の外側」**に、がんばる動機があるから。

「自分のためのがんばり」っていうのは、**自分自身という「自分の内側」**に動機があるがんばりのことなんです。

もっと僕っぽく言っちゃうと、

「これがんばったら、将来、こんな自分になれるってすごくね？　ひゃっほー！」

というような、わくわくを感じられること。

他者の評価とかではなく、がんばった先に想像できる**自分自身の姿にきゅんきゅんしちゃう**。それが、「自分のためのがんばり」なのです。

●●● 本音を隠す「封印シール」を剥がそう

ここまで読んで、「急にそんなこと言われても……」と思ったかもしれません。

そうですよね。いきなり「未来の自分にきゅんきゅんしよう！」なんて言われたって、そんな未来像、なかなか思い浮かばないですよね。

自分にきゅんきゅんできるときって、周りに流されず、自分の本音に従っているときだと思うんです。

ショートケーキ食べたいな、だけどチーズケーキも捨てがたい。

……よし、両方買っちゃえ！

みたいな。

どうでしょう？　わくわくしませんか？

自分にきゅんきゅんするのって、メカニズム自体はものすごくシンプルなんです。自分の本音に従って、やりたいように生きていくだけ。「自分のためのがんばり」は、自分にきゅんきゅんしていれば自然とできるはずなんです。

だけど実際には、これがなかなか難しくなってしまっている人が多い。

なぜなら、**自分がわくわくできるような「本音」が見えなくなっているから。**

そういう人は、本音と相反する**「本当はやりたくないこと」**をやりすぎているのだと思います。

たとえば、嫌われないように空気を読んでニコニコする。苦手なことだけど迷惑をかけないように自分でやる。このような、動機が自分の外側にある「誰かのため」のがんばりです。

その結果、自分の本音に**「封印シール」**が貼られちゃったんです。

「誰かのためにがんばっちゃう教」による、謎の封印シールです。

何かを同時にがんばるにも限度があります。「本当はやりたくないこと」に時間や労力を注いでしまうと、みるみるうちにキャパオーバーしてしまいます。

こうして、心の奥底にある**「本当はこんなこと、やってみたいな」という本音を、自分でも知らないうちに押し込めてしまっているんじゃないでしょうか。**

だから、

未来の自分にきゅんきゅんする？　自分のためにがんばる……？　っていうところで立ち止まってしまう。いざ自分と向き合って本音に従おうにも、封印されているから気づけない。すぐそこにあるのに、見過ごしてしまっているのかもしれません。

大切なものを見つけるには、何かを捨ててみるのが一番の近道です。そして、ここでみなさんに捨ててみてほしいのが、「誰かのためのがんばり」なのです。

とはいっても、今までのクセをやめるのは難しいものです。まずは、誰かのためにがんばっちゃう謎を解いていきましょう。

「インディ・ジョーンズ」でも「グーニーズ」でも、旅の途中に立ちはだかる謎を解いたとたんに一気に道が開けますよね。

ついつい誰かのためにがんばっちゃうクセの謎が解ければ、心の中の封印シールが剥がれて、本音という宝物が見つかるんです。

「愛される」は特別なことじゃない

「私にも優しさちょうだい」って、ちょっと怖い

自分の本音が封印されてしまうほど、誰かのためにがんばっちゃう。

じつは、そういう人って、ちょっと怖くて威圧感があります。

しかも恐ろしいことに、まるで呼び寄せられるようにして、怖くて威圧感のある人たちが集まってくるのです。

「誰かのためにがんばる」って根本的には優しい気持ちから来ているものです。

でも、その優しさが強ければ強いほど、人にも強く求めることにつながりやすいんですね。**「私にも同じ形の優しさをちょうだい」って。**

一方、「誰かのためにがんばる」をしていない人は、他人より自分のことを優先している人です。

そんな「自分ファースト」な人は、周りの人たちがそれぞれ自分自身を優先させていても怒りません。自分だって自分自身を優先させているんだから、周りの人たちが同じでもぜんぜん気にしないんです。

そういう意味では、**「誰かのためにがんばる」をしていない人のほうが、人に優しいとも言えるわけです。**

こういう優しさは、温かい人間関係を引き寄せます。自分に優しくしてくれる人が集まってきます。「誰かのためにがんばる」をやめたほうが、結果的には平和で、自分も周りも幸せになれるというわけなんです。

・・・僕たちの脳みそは「ネガティブ」が大好物

自分のためにがんばったほうがずっと幸せなのに、ついつい誰かのためにがんばってしまう。

それはおそらく、

「がんばったら愛される」

と思っているからなんだと思います。でも本当にそうでしょうか？

「がんばったら愛される」というのは、裏を返せば「がんばるのをやめたら愛されなくなる」ということですよね。

これ、じつは勘違いなんです。

なぜ、こんなにはっきりと勘違いだっていえるのか。それは、僕たちはもともと、がんばらなくても愛されてきたはずだからです。

がんばらなくても愛されたこと。誰かに何かしてもらえたこと――。

すぐに「これ」と思いつかなくても、絶対にそういう経験をしてきているはずなんです。だって誰もが、自分一人では何もできない赤ちゃんの状態から、誰かに世話してもらって、ここまで大きくなれたのだから。

そこで、思い起こしてみてください。

たとえば親ですが、それだけじゃありません。友だちの親、保育園や幼稚園、小学校の先生など周りの大人たちとの出来事。

そんな記憶をたどって、**「ああ、がんばらなくてもいろんなものを受け取っていたなあ。あれって愛されてたってことなんだなあ」**と味わってほしいのです。

では、そんな出来事がたくさんあったはずなのに、なぜ僕たちは、この記憶を忘れてしまうのでしょうか？

じつは厄介なことに、**人の脳は、ネガティブな出来事が強烈に刷り込まれやすいんです。**本当は、より長く味わったことを「真実」として受け取る習性があるのですが、ネガティブな記憶があると、たくさん味わったはずのポジティブな記憶がフリーズしてしまう。

つまり、「がんばらなかったから愛されなかった」と感じた経験があると、たとえ感じた時間は短くても、強く刷り込まれてしまい、あとあとまで残ってしまうんですね。

だから今、必要なのは、**フリーズしてしまっている「がんばらなくても愛された経**

験」をじっくり味わうこと。味わう時間を長くすればするほど、それを真実としてあらためて脳にインプットできるのです。

●●● すべての人が、何もしなくても愛されている

何もがんばらなくても、すでに愛されているなんて、一部の特別な人だけと思ったかもしれませんが、そんなことはありません。

うまく思い出せないという人は、もしかしたら、何か「特別な思い出」を引っ張り出してこないといけないと思っているのかもしれませんね。僕が言っているのはそういうのではありません。一見すると何でもないような、小さなことでいいんです。

たとえば僕は小学生のころ、何度か転校したことがあります。

転校生って珍しいので、しばらくは、同級生たちが好奇心をもって接してくれます。

「あの子、転校生だよね」という視線を浴びて、スターのような気分に浸りました。

でも、1ヶ月、2ヶ月と時間が経つにつれて、転校生の物珍しさはどんどん薄れてい

きます。まるで校内の人気ランキングでみるみる順位が落ちていく感じがして、僕は焦りました。

とくにスポーツができるわけでも、頭がいいわけでもない、顔だって普通。そんな僕が「転校生」というステイタスを失ったら、誰も仲よくしてくれないんじゃないかと恐れたのです。

でも実際は、まったくそんなことはありませんでした。

何か突飛なことをして、同級生の気を引かないと……、なんてことも真剣に考えた気がしますが、そうするまでもなく、みんな普通に仲よくしてくれました。

これは、僕にとって「何もしなくても愛された記憶」の1つになっているのです。

ちなみに、「がんばらなくても愛された経験」を味わうときは、**なるべく幼少期の記憶をたどったほうが効果的です。**

大きくなるにつれて、ネガティブな経験がどうしても増えていきますよね。すると、「がんばらないと愛されない」という勘違いが生じてしまいやすいのです。

その点だけ注意しながら、過去をちょっと振り返ってみるだけで、「何もがんばらなくても、愛されていたこと」をたくさん思い出せるはずです。

たとえば、小さいころに友だちの家に遊びに行ったとき、別に何もがんばらなくてもジュースとかおやつが出てきたのではないでしょうか。ときには夕飯までご馳走になって、泊まらせてもらったりとか。

ほかにも、自分は何もしていないのに、仲よくしてくれた同級生、優しくしてくれた近所のおじさんやおばさん。そういう人たちを思い出して、**「仲よくしてくれたなあ、優しくしてもらったなあ、愛されていたなあ」**と味わう。こんなことでいいわけです。

そうしたら、現在にもちょっと目を向けてみてください。

過去を振り返ってみたのと同じように、日々の小さな場面でも、「愛されている」と自覚できるはずです。

がんばらなくても愛されていたんだなー。

……あれ、ということは、誰かのためにがんばる必要ないってこと？

がんばらなくても、私は十分愛される存在なの？

みなさんにそう思ってもらえるように、本書で手助けをしていきます。

これまで、人間関係や仕事、恋愛などで、「嫌われたくない」「認められたい」、あるいは「尽くされたい」がためにがんばってきましたね。そんながんばりグセを、本書を読み進めて、1つずつやめていきましょう。

1〜3章で、ゆるくシチュエーション別になっていますが、根本的な「やめ方」の仕組み、ロジックは同じだったりします。

すべては「誰かのためにがんばらなくても、すでに愛されている」と自覚し、自分の本音に従って生きられるようになるため。

そんな心構えで、みなさんそれぞれのシチュエーションに当てはめつつ読み進めていただければ幸いです。

では一緒に、本音を見つける心の旅を始めましょう。

1
章

「人間関係」で ついつい がんばっちゃう 人へ

ToDo

「自分が苦しめば許される教」をやめてみる

潔く謝ったら、爽やかに前を向こう

「反省」と「自責」はまったくの別物

いつのころからか「自己責任」なんていう言葉が広まり、「何事も自分の責任で行うこと」が、まるで人間の条件であるかのように考えられています。

「自立した大人は、そうあるべき」というのも、わかるといえばわかりますが、これが行きすぎると苦しいだけだと思うんです。

ここで1つ気をつけたいのは、**「反省」と「自責」はまったくの別物ということです。**

反省とは、失敗したときに、自分の行動を省みて失敗の原因を探り、そこで得た教訓を次に活かすこと。前向きに未来を見ている思考です。

他方、自責とは、ただひたすら自分を責めてしまうこと。省みることもなければ教訓を得ることもなく、今いる場所から一歩も動けずに自分を苦しめてしまう思考です。

ここでみなさんにやめてもらいたいのは、未来に向かう「反省」ではなく、自分を苦しめてしまう「自責」のほうなんです。

何かにつけて自分を責める「自責グセ」にハマっている人は、ある不思議な宗教の信者になっているんだと思います。

それは名付けて、

自分が苦しめば許される教。

「こんな私は本当にダメなやつです。ごめんなさい、ごめんなさい！」と自分をタコ殴りにして、苦しんでみせれば何となく許されるような気がする、という宗教ですね。

しかも恐ろしいことに、「自分と自分との関係性」は「自分と他者との関係性」に反映されるのです。つまり、**自分で自分を責めるクセのある人は、自分のことを責めてくる人たちを引き寄せやすいという作用も働いてしまいます。**

自分で自分を責めるだけでなく、周りの人からも責められる……、そんな事態を招きかねない自責グセから自分を解放してあげてください。

そうしたほうが、より豊かでラクな人生を歩んでいけます。そもそも、本当は自分を責める必要もなければ、許されようとする必要もないんです。

謝罪は「ごめんなさい（以上！）」でいい

人に迷惑をかけたり、人を傷つけたりしたら、「申し訳ないことをしちゃった……」とネガティブな気持ちを抱く人が多いと思います。

ここで自責グセにハマらないようにするには、その申し訳ない気持ちを引きずらないこと。**謝ることよりも、むしろ、引きずらないことのほうが重要です。**

たいていのことは、

「ごめんなさい（以上！）」

で済ませていいはずなんです。その瞬間だけ「申し訳ない気持ち」を伝えられればオッケー。もともと自責グセのある人は、ちゃんと謝罪の気持ちがある優しい人なので、このくらいラフな感じでいいんです。

たとえば仕事で失敗したとします。「本当に申し訳ありませんでした（以上！）」という意識があれば、**すぐさま「じゃあ、次はどうしたらいいか」**と、**未来思考の反省フェーズに入ることができます。**

僕、たまに遅刻をしちゃうんです。仕事の打ち合わせや、もっというとセミナーに遅刻したこともあります。相手を待たせてしまった。これは申し訳ないことだから、「ごめんなさい！」って心から言います。

でも、その後も僕がグジグジと自分を責め続けたら、打ち合わせは進まないし、セミナーはドンヨリしてしまうでしょう。そこは「ごめんなさい（以上！）」で、さっと

気持ちを切り替えたほうがお互いのためなんです。

友人間でも同じことです。

自分の不用意な行動や言葉で相手を傷つけてしまった。「まずい、このままでは嫌われる」と思っていつまでも自分を叩き続けたくなるかもしれませんが、本当は「ごめんね（以上！）」でいいはずなんです。いつまでもグジグジと自分を責めていたら、その人との関係性そのものがグジグジした悲しいものになってしまいますから。

これは「謝ったんだから、もういいでしょ！」という投げやりな感じとはまったく違います。**悪かったことは潔く謝る「礼儀」、そして前を向く「爽やかさ」が大切ということなんです。**

すぐに意識を転換するのは難しいかもしれません。まずは、

「私は、自分を痛めつけることで許されようとしていたのかもしれないな」

と思うところから始めてみてください。

こうして徐々に自責グセを解消していくごとに、自分を責めてくる人も周りからみるみる減っていきます。周囲の人間関係が優しさに満ちたものへと変わっていくのです。

「嫌われる」の誤解をやめてみる

ToDo

幸せそうな人に「悲しかった出来事」を聞いてみよう

・・・人間関係のトラブルはあなたのせいじゃない

ネガティブな記憶は、より強烈に脳に刷り込まれやすいものです。

たとえば「友だちに仲間外れにされた」なんていうのはその代表格です。これに限らず、人間関係で悲しい思いをした記憶、みなさんにもありませんか？

仲間外れにされた、嫌われた、なかなか友だちができなかった……。

だから、ついつい嫌われないようにがんばっちゃう。つらい記憶が強烈に脳に刷り込まれているばっかりに、もう二度とあんな悲しい思いをしませんように……！

そうがんばって「いい自分」を装いながら、相手に取り入ろうとしてしまう。


そもそも、人の性格は千差万別なので、自分と合う人もいれば合わない人もいます。

この前提から出発すると、**人間関係で悩んだことのない人はいないはずなんです。**

でも、嫌われないようにがんばる人もいれば、嫌われることを恐れない人もいる。

この違いは、悲しい思いをした記憶の捉え方にあります。


僕は小学生のころ、いっとき、いじめられたことがありました。

同じようにいじめられていた子たちもいたんです。でも、そのなかには中学校に入ったとたんに「デビュー」して人気者になった子もいました。

たぶん、その子は、いじめられた記憶を引きずらなかったんじゃないかと思います。

仮にいっときいじめられたとしても、それが一生続くわけではない。忘れることはないけれど、過去のものとして前に進むことができる。悲しい思いをした記憶を引きずらない人は、**その出来事が「そのときだけのもの」だと気づいているんです。**

つまり、あのとき、あの人（たち）に嫌われただけで、ほかの人にも嫌われるわけではない。言い換えれば、そんな悲しい出来事は自分のせいなどではなく、「たまたま」だったんだ、と。

人間関係のトラブルって、誰の身にも起こりうる「厄災」みたいなものです。

たとえば台風が来て、「自分のせいだ！」と思う人なんていませんよね？　それと同じです。過去に人間関係で悲しいことがあったとしても、あなたのせいではありません。

だから、また同じことが起こるんじゃないか、嫌われるんじゃないか、と恐れる必要もない。それなら、嫌われないために「いい自分」を装ったり、相手に取り入ろうとしたりする必要もないわけです。

いってしまえば、**「嫌われるんじゃないか」のほとんどは誤解なんです。**

・・・幸せそうな人の思考を採用してみよう

幸せそうな人たちを見て、「いいな、きっと人間関係で悩んだことなんてないんだろうな」と思ったこともあるかもしれません。

でもたぶん、その人たちも自分と同じように、人間関係で悲しい思いをしたことがあると思うんです。

ただ違うのは、先ほども言ったように、過去の記憶を「そのときだけのもの」と捉えているということ。

「それはそれ、自分は自分」として、悲しい出来事と自分の性質を分けて捉えている。

無意識にそう考えている人もいれば、ある程度、自分の思考を訓練して、そのように捉えられるようになった人もいるでしょう。このように、過去に人間関係で悲しい思いをしても、「そのときだけのもの」として捉えて、今を幸せに生きている人はたくさんいます。

今すぐに捉え方を変えるのは難しくても、

「どうやら、悲しいことがあっても、
自分らしく幸せに生きている人たちがいるらしい」

そんな目で周りを見てみるだけでも大違いです。

そして、もし可能ならば、**幸せそうな人に、過去に人間関係で悲しい思いをしたことがあったのか、それをどう捉えてきたのか、聞いてみるとすごくいいと思います。**

ほかの人の捉え方を聞くと、案外すんなり採用できるものです。

自分で自分の思考を変えるのは難しくても、人の話を聞いて、「悲しい思いをした出来事は、そのときだけのものなんだ」と納得すれば、「がんばらないと嫌われる」という誤解も徐々にやめていけるというわけです。

「人を嫌う自分がイヤ」な八方美人をやめてみる

TODO

苦手な人
＝野生のクマ
じりじり距離を置こう

「本当はいい人」なんて存在しない

「嫌われるのが怖い」と思う人がいる一方で、「人を嫌いになりたくない」っていう人もいると思うんです。

どうしても苦手な人がいて、あまり仲よく付き合いたくない。でも、それはすごく相手に悪い気がするし、何より人を遠ざけようとしている自分がイヤ……。

誰に対してもいい人でありたいし、そうしようと思えばできちゃう。そんな**「八方美人」**であるばっかりに、苦手な人と距離を置くことにまで、自分で制限をかけてしまっているんですね。

そういう人には、次の2つのことに気づいてほしいんです。

まず1つめ。**人生の時間は有限であるということ。**

いうまでもなく、僕たち一人ひとりに与えられた時間には限りがあります。

その大切な時間を、なぜ、「どうしても苦手で、できれば距離を置きたい人」のために使わなくてはいけないのでしょう……?

閉園30分前の遊園地で、わざわざ、あまり好きじゃないアトラクションに乗るでしょうか?

もっといえば「明日、世界が終わる」という日の時間を、あえてその苦手な人と一緒に過ごしますか?

人生の時間は有限。この当たり前の事実からすれば、遠慮も忖度も何もなく、苦手な人と仲よく付き合わないのは当たり前のこと。別に、性格の悪い人間になるわけじゃないんです。

そして2つめ。四方八方に目を配り、誰に対しても「いい人」であろうとするのが八方美人ですが、**一人だけ、目に入っていない人がいます。**

それが、**「自分自身」**です。

誰に対してもいい人であろうとするために、一番大切にしなくてはいけないない自分自身を見ていない。**「苦手だな、あまり仲よく付き合いたくないな」という自分の本音を無視しているんですね。**

自分のことを一番大切にできるのは自分です。

だから、八方に向けている目を、もっと自分自身に向けてあげる。そうすれば、「この人、苦手だな」という本音をもっと大切にできるようになるでしょう。

目の前に幼稚園児がいると想像してみてください。あなたにとって、とても大切な子どもです。

その子が、「あの子に誘われたんだけど、本当は行きたくないんだ。だってあまり好きじゃないから」なんて浮かない顔をしていたら、何と声をかけるでしょう。

「そんなこと言うなんて悪い子ね。誰とでも仲よくしなくちゃダメじゃないの！」と

八方美人
そーだねー
そーかも
本音
本当はあんまり
仲よくしたくない…
しんどい…

言って無理やり送り出すでしょうか。

きっと**「好きじゃないんだったらしょうがないね。イヤなら断っちゃえばいいよ」**って言ってあげるはずです。

同じ言葉を自分自身にかけてあげてください。

人を嫌いたくない人は、一生懸命、人のいいところに目を向けようとします。

「イヤなことを言ってくるけど、決して悪気があるわけじゃない」

「かなり強引だけど、あの人も一生懸命なんだ」

「ちょっと不器用なだけで、本当はいい人のはず」

何度もこう自分に言い聞かせては、親しい付き合いを続けようとする。そういう自分のほうが好き。よくわかります。僕にもそういう時期があったから。

でも、「決して悪気があるわけじゃない」「あの人も一生懸命なんだ」「本当はいい人のはず」っていうのは、**人を嫌いになりたくない自分が生み出した幻みたいなものなんです。**

本当に耳を傾けなくちゃいけなかったのは、「イヤなことを言ってくる」「かなり強引」「ちょっと不器用」っていう部分だったんですよね。そっちの事実に意識を向けて、苦手な人と距離を置いたら、一気に気持ちがラクになり、周りが大好きな人だらけになりました。

人のいい面を見ようとするのは素晴らしいことです。それによって、より充実した人間関係が築かれることもたしかに多いと思います。

だけど、人のいい面を見ようとするあまり「本当は、この人のことが苦手」という自分の本音に蓋をしてしまっては、一番大事にしなくてはいけない自分を大事にできなくなってしまいます。

・・・「断る練習」のすすめ

ここでふたたび、先ほど挙げた2つのことを思い出してください。

- **人生の時間は有限**
- **八方美人は一番大切な自分自身を見ていない**

まずは自分を見て、自分のために時間を使うべきなんです。だから、次に苦手な人に誘われたりしたときには、「思い切って断る」というのもアリではないでしょうか。**理想は、「興味がないから行かない」という感じではっきりと断れるようになることです。**するとだんだん向こうのほうから距離を置くようになります。苦手な人に「ちょっと苦手」と見なされたほうが、早くラクになれるというわけです。

でも、今まで誰に対しても「いい人」であろうとしてきた人にとっては、少しハードルが高いかもしれませんね。相手に嫌な思いをさせてしまうんじゃないか……って。

それなら、最初は「ウソ」でもいいと思うんです。

ちょっと前まで僕は、ウソをつくのはダメだと思っていました。だってウソをつくというのは、「断ること」に罪悪感を持っているということだから。だけど、**自分を守るために「断る練習」は必要だと思ったんです。**

「体調を崩している」とウソをつく。

「忙しい」とウソをつく。

無理をして誘いに乗るくらいなら、ウソをついてでも離れたほうがいい。自分を守るためのウソに遠慮はいりません。

たぶん今の話を読んでもなお、すぐには苦手な人との付き合いをやめられないと思います。誘われて断れず、何かしらイヤな思いをして帰ってくる。今までそうだったものを、ばっさり切り捨てることは誰にとっても難しいものですから。

それでも、5回誘われたうち1回は断ってみる。それができたら、2回、3回と小さなウソをついて断る。

そんなふうに自分を許してあげると、少なくとも以前よりは距離を置くことができるはずです。

僕からのアイデアは、苦手な人を野生のクマと同じって考えてみること。

急に離れたり、いきなり関係を断ったりするのではなく、目を合わせながら、じりじりと、後退りするようにして徐々に距離をとっていくのです。

野生のクマと遭遇してしまったら、背中を向けて一目散に逃げてはいけないと言いますよね。

こっちこっちー!!
ウフフフフフ
ね!!
!!ね
じり…
じり…

背中を見せると追いかけてくるから、クマから目をそらさずに、じりじりと逃げていきましょう。

こうして人間関係を、ある種「整理」することを恐れる必要はありません。

人間関係の幅が狭くなってしまうと思うかもしれませんが、それが違うんです。**苦手な人とは距離を置き、本当に好きな人とだけ付き合うようにしていると、不思議と同じような人が集まってきます。**

人間関係内での「好き」の純度が上がって、どこを見ても好きな人ばかり。そんな幸せな環境になっていくのです。

ToDo

苦手な人にエネルギーを注ぐのをやめてみる

「優しさオーラ」を醸し出す接し方に変えてみよう

●●● その「幸福感」、ニセモノかも？

人にとって一番幸せなのは、自分を尊重してくれる人と付き合うことです。

自分を尊重してくれない人と一緒にいると、セルフイメージが下がります。「私は尊重される価値のない人」みたいなセルフイメージになり、自分が尊重されない人間関係に適応するようになってしまうんです。

自分をおとしめるような人と付き合っても幸せにはなれません。

それなのに人は、なぜか、付き合わなくていいような人にエネルギーを注いでしまい

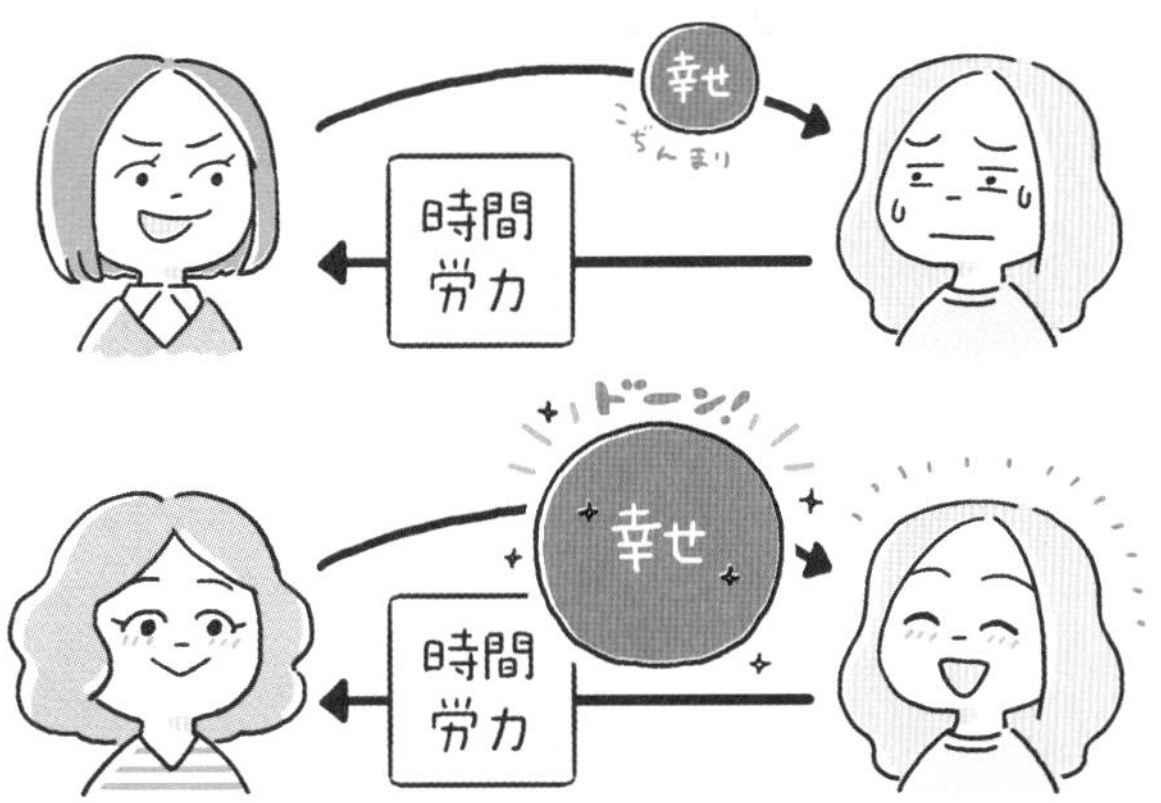

がちです。

人口100人の町に住んでいるとすると、たった1人の苦手な人とうまくやることにエネルギーを注ぎ、くたびれてしまっているイメージ。残りの99人にエネルギーを注ぐほうが幸せなはずなのに、なぜか、そちらは置き去りにしてしまうんですね。

投資にたとえると、これがいかにナンセンスな選択なのかわかります。

自分のお金を企業に渡し、そのお金で企業は事業を行う。そして事業の収益の一部がリターンとして自分に入ってくる。この投資のメカニズムに人間関係を当てはめてみると、どうなるでしょうか。

仮に、「自分のお金」を「自分の時間と

労力」、「企業」を「周りの人」、そして「リターン」を「自分の幸福感」としてみましょう。

周りに、「この人と一緒にいると幸せだな」という人と、「この人と一緒にいるとなんかつらいな」という人がいるとします。

さて、投資先として有望なのは、どちらでしょうか？

明らかに「この人と一緒にいると幸せだな」と思えるほうですよね。

自分の時間にも労力にも限りがあります。その有限の財産を「この人と一緒にいると幸せだな」と思える人に注ぎ込んだほうが、「自分の幸福感」というリターンも大きくなるに決まっているんです。

それなのに、なぜか「この人と一緒にいるとなんかつらいな」と感じる人にエネルギーを注いでしまう。これはおそらく、「みんなと仲よくしよう」という教育によって刷り込まれた習性でしょう。

苦手な人に多くのエネルギーを注ぐ分、好きな人に注ぐエネルギーは減ってしまう。**その分だけ好きな人との間に生まれる幸福感、投資でいうところのリターンが減ってし**

まうわけですから、こんなに残念な話はないんじゃないかと思います。

●●● 苦手な人を、「私にだけ優しい人」に変える

しかし、あなたをおとしめる人が悪者というわけではありません。人を尊重できない人は、自分自身が尊重されずに育ってきた可能性が高い。人をどう尊重すればいいのかわからないのかもしれない。そういう意味では、その人が悪いとは言い切れないのです。

ここであなたが取るべき選択肢は2つです。

1つは、そっと距離を置くこと。

離れることができる相手なら、少しずつ関係を薄めてフェイドアウトしていくのがいいでしょう。その人から離れるだけで、好きな人たちともっと一緒に過ごせるようになりますから（49ページの「野生のクマ」のイメージです）。

自分を尊重してくれる人と付き合っている限り、人間関係に時間と労力を注いで疲れ

てしまうことは、まず起こりません。**尊重しあえる人間関係は、その人たちといるだけで幸せなのです。**

もう1つは、関わり方を変えること。

なかには離れることが容易でない相手もいると思います。

そういう場合は、相手に好かれようとがんばるのではなく、**「優しさオーラ」を醸し出すようにしてみるといいんです。**

先ほど、人を尊重しない人は、自分自身が尊重されずに育ってきた可能性が高いと言いました。

その部分にフォーカスすると、ちょっと相手がかわいそうに思えてきませんか？

そんな気持ちのままで、「あなたもきっと大変だったんだね、よしよし」と心の中でつぶやきながら接するイメージを持つと、優しさオーラが自然と出てきます。

すると不思議なことが起こります。**今まであなたをおとしめていた相手が、まるであなたの優しさに呼応するようにして、優しくなる場合が多いんです。**

すごくトゲトゲしている人なのに、なぜか、あの人に対してだけは当たりがきつくな

くて仲がいい。そういうケースを見たことはないでしょうか。

もしあったら、あの人は、トゲトゲした人との接し方が絶妙にうまいに違いありません。

対抗するのでもなければ、妙に取り入ろうとするわけでもない。たとえて言うなら、ハリネズミを優しくよしよしする感じで付き合ってみると、意外とうまくいくものなんです。

ToDo

自分と同じ愛情表現を求めるのをやめてみる

お互いの「取扱説明書」を共有してみよう

相手は「イタリア人」なのかもしれない？

人生の時間は有限なのだから、苦手な人との付き合いにエネルギーを注がなくてもいいんじゃないか、という話をしてきました。

今、頭の中に具体的な人物が思い浮かんでいるかもしれませんね。

距離を置くにしても、関わり方を変えるにしても、その前に1つだけ考えてみてほしいことがあります。

それは、**あなたにとっては好ましくないその人の言動は、じつはその人なりの愛情表**

現なのかもしれない、ということ。

心配しないでください。その人なりの愛情表現なのだから、ありのまま受け入れるべし、なんていう話ではありません。でも、「これは愛情表現なのかな」と捉えてみると、その人との関係は、もしかしたらいい方向へ変わるかもしれないんです。

聞いた話ですが、関西人にとって「アホ」は親愛の情をこめた褒め言葉で、「バカ」は悪口なんだそうです。でも関東の人は、仲のいい友だちに愛情をこめて「バカだな～」とか言っちゃいますよね。

もう1つ例を挙げれば、イタリア人と日本人の愛情表現だって、だいぶ違います。「綺麗だね、愛してるよ」なんて直球で、しかもしょっちゅう伝えるのがイタリア人なら、日本人は愛情をそれとなく伝えるので精一杯だったりします。

何しろ「愛しています」を「月が綺麗ですね」と訳した文豪がいるお国柄ですから（誰だか知ってますか？　正解は……、夏目漱石です！）。

そういう僕も、じつは愛情表現は苦手というか、そんなにしょっちゅう奥さんに「好

✧愛情表現が伝わると…✧

愛情表現が伝わらないと…

き」とか言わないほうなんです。

いきなり僕がイタリア人ばりに毎日、愛を囁くようになったら、きっと奥さんは「何、どうした？　頭でも打った？」って引いてしまうでしょう。

でも、もしイタリア人の女性と結婚していたら、「どうして毎日『愛してる』って言ってくれないの？」って悲しまれてしまうに違いありません。ジローラモさんに弟子入りでもして、イタリア式の豊かな愛情表現を学ばなくてはいけないところでしょうね。

このように、ひと口に愛情表現といってもさまざま。お国柄どころか、個々人それぞれで違うものなんです。

だけど、僕たちには、どうも**「自分に馴染みのあるものや、気に入っているもの以外は、愛情表現として受け取らない」**っていう習性があるみたいです。

あなたにとって好ましくない相手の言動は、ひょっとしたら愛情表現かもしれない。相手は関東人で自分は関西人、あるいは相手はイタリア人で自分は日本人、というくらいの「愛情表現の違い」があるかもしれないんです。

その人は、決してあなたをおとしめようとしているのではなく、あなたに愛されたいと思っているのかもしれない。ところが愛し方を間違っているために、あなたからは苦手、あるいは嫌いとまで思われてしまっている。

そういう人には「私の適切な愛し方」を教えてあげればいいのです。

僕はよく**「自分の取扱説明書」**をつくろう、という話をします。

これはあらゆる人間関係に使えるもので、自分にとって好ましくない言動をしてくる人に対しても例外ではありません。

「イヤだ」を伝える秘訣は「あっけらかん」

たとえば、「自分をいじってくるあの人が苦手」なんだとしたら、その人は「いじること=愛情」と思っている可能性があります。

その愛情表現がハマる人もいればハマらない人もいて、自分にはハマらなかった。

つまり、その人が悪いとは言い切れないわけです。ただ、ちゃんと相手の反応を読み取れる人ならば、「あ、この人はいじられるのがイヤなタイプかも」と思えるので、その点においてはちょっと落ち度があるとは言えますけどね。

ともかく相手は、あなたが「イヤだ」と思っていることに気づいて修正してくれそうにない。だとしたら、さて、どうしましょう。イヤなものをイヤと言うかどうか。これは相手ではなく、あなたの課題です。

「苦手」「嫌い」という感情そのままに相手と距離を置くのも1つ。

でも、できれば自分のことをもう少しわかってもらって、よりよい関係を築きたい。そんな気持ちが少しでもあるのなら、「私の適切な愛し方」を教えてあげるといいと思います。

「私は、いじられることがあまり好きではありません」という「取扱説明書」を示してあげるのです。

ただ、これをそのまま相手に伝えるには、ちょっと勇気がいりますよね。

コツはあまり深刻ぶらずに、「そういうの、あんまり好きじゃないんだよね〜」と、あっけらかんと伝えてみること。あっけらかんと伝えれば、相手もあっけらかんと

「そっか、ごめんね！」と言いやすくなります。そして、相手の取扱説明書を見せてもらう機会にもなるはずです。

こうしてお互いに理解が深まるだけで、以前の苦手な感じがウソみたいに消えて、仲よくなれる可能性も高いんです。

「え、そうなんだ、ごめんね。気をつけるね」となって、実際にあなたとの付き合い方が変わったら、それはよりよい関係の新たなスタートになるでしょう。

もしアテが外れて気まずい空気になっても、気にすることはありません。何も変わらなければ、それまでかなと思います。ここで初めて距離を置くほうへと方向転換しちゃいましょう。

残念と思うかもしれませんが、あなたはやるだけのことはやったのですから、気に病むことはありません。こうして、好きな人だけに囲まれる人生をつくるのです。

本心をしまい込むのをやめてみる

ToDo

手紙を書いて、
気持ちを
アウトプットしよう

「ずっと言いたかったこと」は手紙に書いてみる

言いたいことをなかなか言えない……。
とっさに反応できずに後からモヤモヤ……。

人間関係で悩んでしまう人のなかには、自分の気持ちを表現できず、無理をしている人も多いと思います。「私の適切な愛し方」を相手に示すと言われても難しい、と感じているかもしれませんね。

そういう人は、まず伝えたい気持ちを手紙に書いてみるといいでしょう。

僕がときおり開催しているセミナーでは、話を聞いたそばから言葉や態度で反応を露わにしてくれる人もいれば、あまり大きな反応は見せずに、ずーっと静かに聞いている人もいます。

でも、**アンケートで熱い思いを綴ってくれるのは、意外なことにセミナーの場では反応が薄かった人が多いんです。**

反応が薄くても伝わっていないわけではなく、内側には燃える思いがあるんだな、書くほうが表現しやすい人もいるんだなと気づきました。

面と向かって「言う」よりも、自分一人で「書く」ほうが、言うまでもなく心理的なハードルはかなり低くなります。

だから、口で伝えるのが苦手な人は、ひとまず手紙を書いてみる。

「〇〇さんへ」と、まさに「手紙」として書き始めますが、相手に渡さなくてもかまいません。なぜなら、**ここで手紙を書く最大の目的は、自分の気持ちを一度アウトプットすることだからです。**

・・・「ひっどいな、これ」と笑っちゃおう

文章という形にアウトプットすると、自分の気持ちを客観視することになります。

「そうか、こんな気持ちだったんだね」と自分の本音に気づき、寄り添うことができるのです。

人って自分のことほどわからないし、優しくできないものなんですよね。そこで文章としてアウトプットし、自分の気持ちを他人のもののように眺めてみると、とたんにより深く理解できて、自分に優しくなれます。

それに、相手に渡すものだと思うと、どうしても遠慮が交じるものです。すると自分の気持ちが不完全燃焼になり、うまく自分に寄り添うことができなくなってしまうかも

しれません。

「別に相手に渡さなくていいんだ」と思えばこそ、遠慮なく思いっきり書ける。これも、相手に渡す前提を設けない狙いの1つなのです。

手紙を渡さなかったら相手に自分の気持ちは伝わらないから、意味がない？

そんなことありません。書くことで自分の気持ちに気づき、自分に寄り添えると、意外とそれだけでスッキリしてしまう場合も多いんです。

とりあえずは、

「うわ、この言い草、ひっどいな（笑）」

と笑っちゃうくらい大胆に思いの丈を綴ってみてください。

もし、手紙を書いてみて、ぜひこれを相手に渡したいと思ったら、今度こそ渡す前提の手紙を書いてみるといいでしょう。これこそ自分の「取扱説明書」を渡すということになります。ちなみに、ちゃんと優しい文章に書き換えてくださいね。僕は責任を持てませんので（笑）。

「当たり前」をほったらかすのをやめてみる

ToDo

幸せにしてくれた人にこそ、感謝のエネルギーを注ごう

「幸せ」はあっという間に「当たり前」に変身する

自分を幸せにしてくれるものは、自分を幸せなほうへとナビゲートしてくれます。

これは僕自身の経験からも言えることなんですが、自分が幸せを感じるものから離れれば離れるほど、どこかで人生がクラッシュしてうまくいかなくなってしまうのです。

「自分が幸せを感じるもの」には「人」も含まれます。

つまり、**自分が幸せを感じる人と一緒にいたほうが、その先の人生の道のりも、より彩り豊かな幸せに満たされていく。**

当然のように聞こえるかもしれませんが、じつのところ、この点がおざなりになっている人は多いんじゃないでしょうか。

たとえば、あなたは「この人と一緒にいる時間って幸せだなあ」って日々、味わっていますか？

ポジティブな刺激は、放っておくと「当たり前」になってしまいます。

そして当たり前のものは、改めて実感することも少なくなっていく。ネガティブな刺激にはすぐに反応できるのに……。

これは、おそらく古来、生物に備わっている防衛本能のためでしょう。

でも、突然チーターに追いかけられるような、生命の危険にさらされることがほとんどない僕たちは、ポジティブな刺激こそ味わったほうがいいのです。より幸せになるために。

これは人間関係にもそのまま当てはまる話です。

よく「いなくなって初めて存在の大きさに気づいた」なんて言うように、**「誰かと一緒にいる幸せ」や「その人がいることのありがたみ」は、放っておくと当たり前になっ**

て、**実感しづらくなります。**

幸せに気づくキャンペーンを開催しよう

「当たり前」になってしまった幸せやありがたみを、あらためて実感する習慣をつくりましょう。じつは僕も数年前に、同じことをしました。

名付けて**「自分を幸せにしてくれた人キャンペーン」**。

このキャンペーンはいろんな形で実を結んだのですが、なかでも大きかったのは、多くを学ばせていただいた竹田和平さんとのご縁をつないでくれた知人と、久々に一緒に仕事ができたことです。感謝の力ってすごいとあらためて実感した出来事の1つになっています。

あなたも、少し時間を使って振り返ってみてください。

今、一緒にいて幸せを感じる人は誰でしょうか。

今現在だけでなく過去にも目を向けてみましょう。

かつて自分によくしてくれたり、幸せをもたらしてくれたりした人は誰でしょうか。

一人ひとり思い浮かべて、「幸せだなあ」「うれしかったなあ」と味わう。

そして、可能な限りでいいので**「一緒にいられて幸せ。ありがとう」「あのときはうれしかった。ありがとう」**と感謝の気持ちを直に伝えると、なおよしです。

すると不思議なことに、人生がより幸せなほうへと自然に舵を切りだします。

苦手な人にはなるべくエネルギーを注がないようにする一方で、自分を幸せにしてくれる人、幸せにしてくれた人に対する感謝はじっくり味わい、できれば「伝える」というエネルギーも注ぐ。

その大きなきっかけとなる「自分を幸せにしてくれた人キャンペーン」は、人間関係でついついがんばってしまう人に、とくにおすすめしたい方法なのです。

「友だちは多いほうがいい」をやめてみる

TODO

「できない」じゃなく「欲しくない」と自覚してみよう

なぜ「友だちが多い人」はキラキラして見えるんだろう？

「なかなか友だちができない」とか「友だちが少ない」といった悩みを抱えている人もいるかもしれません。

友だちがたくさんいる人になりたい。だから嫌われないために、好かれるために周囲の人たちの顔色をうかがい、ときには本来の自分とは違う振る舞いをしてしまう。これもやはり、幸せから離れてしまうがんばり方ですね。

そのがんばり方を続ける前に、少し立ち止まって考えてみてほしいことがあります。

友だちは、本当に「多いほうがいい」ものなんでしょうか。
そもそもあなたは、本当に多くの友だちを望んでいるんでしょうか。

友だちが多い人って、たしかにすてきです。いつも周りに人がいて、何かというと誰かに誘われていろいろな場所に出かけている。キラキラして見えますよね。

SNSが普及している今では、そんな他人の「リア充」っぽい日々がスマホやパソコンの画面を通じてしょっちゅう目に入ってきます。「それに引き換え私は……」と落ち込むことも多いかもしれません。

こんなふうに、友だちが多そうな人を見ると落ち込んでしまうのは、いったいなぜなんだろう。それは、**「友だちは多いほうがいい」という謎の刷り込みのせいではないでしょうか。**

「友だち100人できるかな」と幼いころから刷り込まれてきた価値観によって、「友だちは多いほうがいい」と思わされているに過ぎないんじゃないかと思います。

では自分の本音はどうかというと、じつは「友だちなんて、別に多くなくていい」って言っているのかもしれないのです。

わいわい
のんびり
にぎやか
おだやか〜〜
友だち
少なくていい村
どちらも
捨てがたい…
友だち
100人村

つまり、**「できない」のではなく「欲しくない」のかもしれません。**

というのも、今の自分の現実には「自分がそう望んで引き寄せた」という一面があるから。今、そこまで友だちが多くないのなら、「そこまで友だちの多くない現実」を自分自身が望んでいた可能性があるんです。

もちろん100パーセントそうだとは言いません。だからこそ、少し立ち止まって考えてみてほしいんです。

友だちは本当に多いほうがいいのかな？

私はそれを本当に望んでいるのかな？　って。

・・・「うらやましいよね、わかる〜」と自分に寄り添ってみる

誰にとっても「友だちは多いほうがいい」とは限りません。

狭く深い人付き合いを望む人もいるでしょうし、本当に気心の知れた友人が一人いれば十分、という人もいるでしょう。

ちなみに僕にとっては、「数」はあまり問題ではなくて、自分の半径3メートルには

大好きな人たちしかいないっていうのが一番大切です。好きと幸せの純度が高い輪の中にいると、何より僕自身がすごく幸せだから。

友だちの「数」であれ「距離感」であれ、ベストな状態は人それぞれ異なるんですね。

ただし現状として、なかなか友だちができないことや、友だちが少ないことに落ち込んでいる人もいるかもしれません。

だとしたら、まずは、そんな自分に寄り添うことから始めるといいでしょう。

「誰とでもすぐに打ち解けられる人って、いいよね。わかる〜」

「友だち多い人って、うらやましいよね。わかる〜」

「ああいう姿見ちゃうと、落ち込むよね。わかる〜」

こんなふうに自分に寄り添ってあげると、徐々に本音が見えてきます。

「でもさ、しょっちゅう人から誘われるって、ちょっと大変そうじゃない？」

「私は人から誘われるよりも、気が向いたときに自分から誘うほうが好きなのかも」

「一人で過ごす時間って、意外と幸せじゃない？」

「本当に気が合う人とたまに会えれば、それでいい気がするな」

すると、「友だち100人」的な世間の価値観に振り回されず、自分を深く肯定できるようになります。

先ほど述べたように、**実現していないことの裏側には、「自分自身が、それを望んでいない」という本音があるものです。**

「そうか、『できない』んじゃなくて、『やりたくない』だけだったんだ」

「自分が望んでいることの結果なんだ」

――この腑に落ちた感が人間関係をラクにして、自分の人生が心地よくなる出発点となるはずです。

●●●「自分」という親友と仲よくする

では、「やっぱり友だちがたくさん欲しいんだ」という本音に気づいた場合はどうでしょうか。

友だちを望んでいるのに、なかなかできない人には、**「自己否定している」という共通点があるんじゃないかと思います。**

友だちが欲しいと願いながらも、心のどこかで

「こんな私を好いてくれる人はいない」

「どうせ私は一人ぼっちだ」

と思ってしまっている。

だから、本当の自分を出して人と向き合うことを恐れてしまい、人の顔色をうかがっちゃう、というがんばり方をしてしまうわけですね。

それが、徹底的に自分に寄り添うことで、大きく現実が変わっていくはずです。

他者と自分の関係は、自分と自分の関係が反映します。自分に優しく寄り添って、自分との関係がよくなると、他者も優しく寄り添ってくれる。結果として、本当の自分で付き合える友だちができていくんです。

人生のなかで一番長く付き合うのは自分自身です。

親と過ごす時間、友だちと過ごす時間、パートナーと過ごす時間、すべて限りがあるもの。だけど自分と過ごす時間だけは、生まれてから死ぬまでずっと、一瞬も絶えることなく続きます。

いってみれば、自分の一番の親友は自分なんですね。

もっと友だちをつくるにせよ、今くらいの人間関係を保つにせよ、何をおいても、まずはこの大親友（自分）に寄り添って、「どんな人間関係がベストかな？」っていう本音を見つけてあげてください。

2
章

「仕事」で ついつい がんばっちゃう 人へ

「人と比べちゃダメ！」をやめてみる

ToDo

「自分の才能」は劣等感から見つけ出そう

ビル・ゲイツを見ても落ち込まないのはなぜ？

仕事では、成功している人と自分を比べて落ち込み、ついついがんばりすぎてしまう場合もあるんじゃないかと思います。

他人の成功が刺激になって奮起するのなら、それはすてきなことです。

でも、「あの人みたいになって周囲に認められたい」と無理やり自分を奮い立たせているのだとしたら、それは幸せなほうのがんばり方とはいえませんね。

ここでもやはり、絶えず人の日常が目に入るSNSの影響の大きさを感じます。

以前ならば、自分が見聞きする仕事の成功ストーリーは、友だちや同僚、遠くてもせいぜい付き合いのある同業他社の人や取引先の人のものだったはずです。

それが今では、直に接したことすらない人たちのキラキラしたエピソードが見えてしまう。

人と比べて落ち込み、幸せから遠ざかるがんばり方をしてしまうことが、このSNS時代には、いっそう起こりやすくなっているように思えるんです。

SNSとの向き合い方としては、よく「みんな自分が輝いている姿を選んでアップしているのだから、それをすべてだと思わないこと」と言われます。自分を落ち込ませないためには、それも1つの方法でしょう。

ただ、捉えようによっては、**SNSのポジティブな側面を活かすこともできると思います。**

というのも、直に接したことすらない人のキラキラした成功ストーリーが**「（見たくないのに）見えてしまう」**のか、それとも、**「（以前は見られなかったのに）見ることができる」**のかは、自分の意識次第で変わるからです。

そもそも、なぜ人と比べて落ち込むのでしょう。

もっといえば、誰と比べると落ち込むのでしょうか。

たとえば、ある人が起業を目指しているとします。

その人は、はたしてビル・ゲイツや孫正義さんを見て落ち込むでしょうか。スティーブ・ジョブズの人物伝を読んで落ち込むでしょうか。

尊敬こそしても、落ち込みはしないでしょう。なぜかといえば、**あまりにも自分とかけ離れているからです。**

では、その人は大坂なおみ選手やノバク・ジョコビッチ選手を見て落ち込むでしょうか。羽生結弦選手を見て落ち込むでしょうか。

「すごいなあ!」とは思っても、落ち込みはしないでしょう。なぜかといえば、**勝負しているフィールドが自分とまったく異なるからです。**

・・・がっつり凹むことにも価値がある

では、誰を見て落ち込むか。

そう、同じフィールドで勝負している人、それも、「自分もそうなれるんじゃないか」と思えるくらいの人を見ると、人は落ち込むのです。

自分にもそうなれる可能性があるからこそ、「現時点でそうなっていない自分」と「すでにそうなっているあの人」を比べ、そのギャップに劣等感を抱くわけですね。

人と比べて落ち込むのは、あなたが、その人と同じくらいになれる、あわよくば超えられると思うくらい、自分の可能性を信じている証。

そして実際にそうなれる可能性を秘めている。

ひと言でいえば、「その才能がある」ということなんです。

ですから、人と比べて落ち込むのは、まったく悪いことではありません。**それどころか、傷つきたくないばかりに、自分を落ち込ませる存在から目を背けようとすると、自分がなりたい姿からも目を背けることになってしまうんです。**

ときにはがっつり凹むことも、人生の推進力になります。

今後は、「人と比べて落ち込むのは当然、むしろ落ち込み上等だ！」くらいの意識で生きるのはいかがでしょう？

これが、他人のキラキラストーリーを、もっと前向きに捉えるベースになります。

SNSを通じて飛び込んでくる他人の成功も、「（見たくないのに）見えてしまうもの」から、「（以前は見られなかったのに）見ることができるもの」へと変化します。

落ち込まなくなるのではありません。むしろここからの課題は、**他人と比べて落ち込んだ、そのパワーをどう活かすか**、ですね。

まず「人と比べて落ち込むのは当然。だって、私にもその才能があるということだから」と思っていると、「落ち込んでいること」に落ち込まなくなります。

まずは、

「ああ私、今、落ち込んでるな～。そっか、この人くらいになりたいんだな」

って、自分の心に寄り添ってあげてください。

TODO

「むかつく」を抑え込むのをやめてみる

嫉妬心は「心のコンパス」。気持ちを整理して学びを得よう

「何か」を感じるからこそ嫉妬する

落ち込む前提で考えていたら、ひょっとしたら、「この人ばかりうまくいって、むかつく！」なんて嫉妬を感じることもあるかもしれません。


「ああ私、今、落ち込んでるな〜。そっか、この人くらいになりたいんだな」

↓「じゃあ、なんでこの人、こんなにうまくいってるんだろう?」

↓「なんか大したことやってないように見えるんだけど……。この人ばかりうまく

いって、むかつく！」

みたいな感じです。

嫉妬心も、それ自体はネガティブなエネルギーですが、やはり捉え方次第です。まずは、**「嫉妬しているものが、自分が向かうべき先」**と捉えればいいのです。

人と比べて落ち込むのは、自分にもその才能がある証。そして嫉妬心は、**「自分の進むべき道を示す心のコンパス」**というわけです。

「この人ばかりうまくいって、むかつく！」という気持ちを、無理やり抑え込む必要はありません。むかつくのは、心のコンパスが強くその方向を示しているから。嫉妬心によって、自分の方向性が定まるんですね。

そして自分の方向性が定まってしまえば、他人の成功談から学べることはあっても、嫉妬心が燃えたぎって振り回されるなんていうことはなくなります。

じつは僕も、うまくいっている人から素直に学ぶことができませんでした。年の離れた大先輩には下から目線で教えを乞うことができたのですが、相手が年下となると、どうしてもプライドが邪魔してしまったんです。

「なんだこいつ、生意気!」なんてむかついたり、「たしかに成功してるけど、こういうところはダメだよね」などと揚げ足取りみたいなことを考えたり……。今にして思うと、かなり小さいやつですね。

でも、むかつくってことは、そいつに「何か」を感じているに違いないんだよな、とは何となく気づいていました。**何もなければ何も感じないはずですから。**

じゃあ、その「何か」はいったい何なのか。10年後のすてきな自分を思い浮かべて、そのイメージした自分に聞いてみたんです。

「ねえ、あいつむかつくんだけど、これって何なの?」

「それはね、そいつが今のお前のメンターってこと」

「え、そうなの?」

「うん。そいつから学んでみ?　絶対変わるから」

「わかった。やってみる」

……セリフにするとだいぶ怪しいんですけど、こんな感じの会話を自分と繰り返して、年下の成功者からも素直に学ぶほうへと心を整えていきました。嫉妬心が芽生えるたびに、「いや、俺はこいつに学びたいはずだよね?」って。

むかつくパワーをカンニングパワーに変える

さて、方向性が定まったら、今度は実際に一歩を踏み出す番です。

まず「何かしらノウハウを盗んでやろう」という目で、その人の行動なり発信なりを観察し、その人が日々やっていることを紙に書き出すといいでしょう。

ここまでくると、「うまくいっていて、むかつく人」を見る目も、大きく変わるはずです。

その人は、あなたにとってまったくマイナスの存在ではありません。じつは自分が成し遂げたいことの正解を知っている、ありがたい存在。眩しいからといって目を背けるのではなく、むしろしっかり向き合って、よくよく観察すべき存在なんです。

いざ素直に学ぶつもりで相手を観察してみれば、何かしら自分にも真似できる部分はあるはずです。

そして真似することで少しでもその人に近づくと、今度は、その人の失敗を反面教師にすることなんかもできるようになる。すごくおトクなんですよ。

今までは、その人が出している成果ばかり見て、落ち込んだり嫉妬したりしていたかもしれません。

でも、分解してみると、日々やっていることの1つひとつは意外と些細なことだったりするものです。そして実際に真似して手応えを感じれば、教えてくれた相手に素直に感謝するようにもなるでしょう。

感謝すると、もっと素直になって、もっ

と学べる。そんな好循環が生まれるんです。**その人は、あなたから見て一定の成功を収めているわけですから、その人が日々やっていることは、どれも一定の効果が見込める「正解」であるはずです。**

その正解たちを紙に書き出すというのは、「勉強ができる同級生の答案用紙」を書き写しているようなものです。

もともとネガティブな嫉妬心もポジティブなエネルギーに切り替えれば、いわば成功法則を「カンニングし放題」な状態になるっていうことです。

ちなみに、嫉妬心を身近な人に打ち明けられる環境があると、より理想的です。周囲の人は客観的に自分を見てくれますから、話すことで、より自分の方向性が定まりやすくなるんです。

「私、最近、この人のことがやたら妬ましいんだよね」

「なんか、こういうところがすごくシャクなんだ」

打ち明けるだけでラクになるし、そこから「そうなんだ。それ何だろうね」「こういうことじゃない？　やってみたら？」なんて感じに会話が発展して、真似できるところが浮かび上がってくることも多くなるでしょう。

「人の真似」で自分の才能を磨く

うまくいっている人がやっていることを書き出したら、そのうち1つでも2つでもいいから実践してみましょう。それだけでもきっと、現実が変わり始める手応えを感じるはずです。

ぜんぶ真似しようとせずに、1つだけでもよしとする、というのが重要です。

その人を研究して、たとえば100のすごいことが見つかったとします。これをすべて真似するのは難しいはず。「やっぱり私はあの人みたいになれないんだ……」と自己否定モードに入ってしまったら本末転倒ですね。だから、はなからすべて真似しようとは思わずに、1つや2つ、「自分にできそうなこと」を真似することから始めると決めてしまったほうがいいんです。

誤解してほしくないのですが、これは、「しょせん全部を真似するのは無理だから、仕方なく1つ、2つに絞る」という意味ではありません。

何を真似するかを絞り込むことこそが、じつは飛躍の鍵なのです。

なぜなら、人は「自分に才能があること」から手をつけるものだから。

「自分にできそうなこと」とは、すなわち「自分も同じようにやりたいと思っていること」、もっといえば「自分に才能があること」です。

たとえば、あるインフルエンサーの人を見て、「この人は動画編集もブログの文章もインスタの写真もうまい。ぜんぶ毎日のように更新していてすごい！」って思ったとしましょう。

ここで、むかつくパワーをカンニングパワーに変えて、成功法則を書き出してみたら、動画編集について5個、文章について5個、写真について5個、浮かび上がったとします。

「さて、このうち、どれを真似してみよう？」と考えて「よし、これとこれをやってみよう！」と思ったこと。それこそが、あなたの「才能」なんです。

そして自分の才能を発揮したときに、人はもっとも輝きます。

成功している人の行動をメモした「カンニングペーパー」から1つや2つ、「自分にできそうなこと」を絞り込むことが、自分の「才能」に磨きをかけ、大きく飛躍するきっかけになるんですね。

ここまで読んで、あることに気づいた人もいるのではないでしょうか。

・人と比べて落ち込むのは、自分にも才能がある証

・嫉妬心は、自分の方向を定める「心のコンパス」

「ネガティブな感情はよくない」をやめて、自分の感情を捉え直すだけで、自分の足元が定まるのです。

人から認められるかどうかは関係なく、自分のことだけ考えられるようになります。すべては「自分のための幸せながんばり」となるのです。

・・・毒だしデーをつくる

嫉妬心こそ「心のコンパス」になると思えば、「ネガティブな感情はよくない」という思い込みも緩和されたのではないでしょうか。

僕たちはみんな生身の人間なので、自分よりうまくいっている人を見れば落ち込みもするし、嫉妬心も抱く。僕だって、イラッとしたりモヤッとしたりはしょっちゅうです。

でも、それを否定することは自分を否定すること。あまりいい結果にはつながらないと思うんです。

消そうと思っても消せないのがネガティブな感情です。

押し込めようとすればするほど、溜まり

もうおさえきれない!
ひ
出してあげればよかったんだね…
今までゴメンネ!

に溜まって発酵し、何十倍にも膨んで、いずれ大爆発してしまうでしょう。そうなったら立ち直るのにも時間がかかります。

むしろ、ネガティブな感情を抱いている自分を受け入れ、寄り添ってあげる。**たまには存分にネガティブな感情を放出する「毒だしデー」を設ける**というのもおすすめです。

ネガティブな感情は、押し込めようとすると正体不明のまま発酵して膨張しますが、吐き出すと思考が整理され、ネガティブな感情そのものは解消されます。

無理に消そうとするのではなく、吐き出して成仏させる、といったらイメージしやすいでしょうか。

僕は30代前半のころ、むかつく人がいたので「毒だしデー」を設けたことがあります。「今日は悪人になりきる！」と決めて、今、誰にむかついているか、その人のどこが気に食わないのかを書き出していました。この「むかつく人リスト」は、当時はかなり頻繁につくっていたと記憶しています。

毒を吐き出せるだけ吐き出すと、心が軽くなります。

すると翌日は、**その毒出しのおかげで「いい人」でいられるのです。**

さらに、「今日はすてきな日」と決めて、その「いい人」になったあなたの目で「むかつく人リスト」を見返してみる……。すると、なんとむかつく人のむかつく部分に、じつは自分が学ぶべきことが詰まっている！

その人たちのすごいところがクリアに見えてくるんです。

「毒だしデー」は、単なる「ストレス発散デー」ではありません。

前にもお話ししたように、「むかつく」「気に食わない」などと自分の感情が動いているのは、自分の心のコンパスが「何か」を感じているからにほかなりません。

では、どうやって、その方向に歩んでいったらいいのか。それをより明確にするのが、「毒だしデー」なんです。

書き出したことはすべて、その人たちに関する自分の気づきです。

そして「自分が気づいたこと」は、すべて「自分が学べる」こと。

「毒だしデー」でむかつく人のむかつくポイントを書き出すと、結果的に、自分が「何か」を感じている人たちから、いかに学べばいいのかが整理されるというわけです。

「誰かに認められたい」をやめてみる

ToDo。

苦しくない努力も一度目的を振り返ってみよう

・・・「幸せ」の優先順位を決める

周りの人たちに認められるために、人に迷惑をかけないために、つらくても苦しくてもがんばってしまう。そんな「がんばる」レースに参加してしまっている人も多いのではないでしょうか？

そもそも仕事には明確な「評価」がつきものです。

だから、ごく当たり前のように、他人を軸にした「承認欲求を満たすための努力」に意識が向きやすい。仕事で評価されたらうれしいし、評価されることがやりがいにもつながります。人として、ごく自然な心理ですよね。

ただ、そういう努力のなかにも、承認欲求のためではない、「自分のため」の努力はたくさんあります。新しいことに挑戦したいとか、もっと深く学んでみたいとか。それを1つずつ味わっていくと、仕事での幸福度は高くなると思うんです。

裏を返せば、「自分のため」の努力の割合が少ないものは、思い切ってやめちゃえばいい。完全にやめることはできなくても、その方向に徐々にシフトするように意識してはどうでしょうか。

じつは僕も、自分のために、あることをやめました。

僕のブログを読んでくださっている方ならお気づきかもしれませんが、ここしばらくブログの更新頻度を落としているのです。

以前は1日に6~7回ほどは更新していたでしょうか。

これくらいの頻度で更新すると、ブログの「ビジネス」部門で決まって、その日のアクセス数1位になれます。とくに1位を目指してブログを始めたわけではありませんが、やはり1位はうれしいものです。

そして、「うれしいな、うれしいな」と思っているうちに、いつの間にか「やった、今日も1位だ」と確認したいがためにブログを更新するようになっていた。あるとき、そんな自分にふと気づいたんです。

きっかけは、子どもに「パパ、遊ぼう！」と言われたときに、「ちょっと今、やることあるから後でね」と答えたことでした。

子どもの成長はあっという間です。「今このとき」の子どもを見られるのは「今このとき」だけ。それを二の次にしてまで、ブログを更新しようとしたときに思いました。

「僕にとって、ブログの1位は子どもの成長より大切なんだっけ？」

そう思ったら急に熱が冷めてしまったんです。

頻度を少し落とすと、ランクもやや落ちて、8位が定位置になりました。もうひとがんばりして1日にプラス1記事くらいアップすると、また1位になります。

でも、これを毎日続けるのはやっぱり何か違うなと思って、今は自分の心地いいペースで更新しています。

ブログの更新自体は、僕にとってはまったく苦ではありません。もともと文章を書くことは好きですし、やろうと思えばいくらでもできます。

でも、**たとえ苦しくなくても、それは第一に優先させたいことではありませんでした。**「1位をとるため」に1日に何度も更新していたブログを、もっと子どもと一緒に過ごしたいという「自分にとって一番大切なことのため」にやめることにしたんです。

自分のための「がんばる」は楽しい

このように、**「一見、自分にとって苦にならない努力」は、「つらい」「苦しい」という自覚がないだけに、じつは注意が必要なのかもしれません。**今お話ししてきた僕の経験に照らしても、そういうことなんじゃないかと思います。

もちろん、もし努力をつらい、苦しいと感じるのなら、それは自分がやりたくないことをやらされている明らかなサインですよね。

自分のためではなく、誰かから認められるために努力しているということなんです。

自分のための努力ならば楽しくてたまらなくて、「つらい」とも「苦しい」とも感じないはずですから。

今、努力していることをすべて疑ったほうがいいとは言いません。

ただ、その努力は、いったい何のためでしょうか？

たとえ苦しくなくても、人から評価されるための努力だとしたら黄色信号です。僕が「1位をとるため」にブログをたくさん更新していたように。

その努力を続けるために、別のもっと大切なもの——それこそお子さんとの時間やパートナーとの時間、あるいは一人でほっこりする時間などが二の次になっていないか、少し振り返ってみてほしいんです。

大切なものを二の次にしてまで続ける価値がある努力なのかどうか。

1章の43ページで挙げた例と同じです。極端にいえば「明日、世界が終わるとしても、それをするだろうか」と考えてみると、ことの真価がわかってくるでしょう。それよりももっと優先したいことが見えたら、思い切ってやめてみるタイミングかもしれません。

一人で抱え込むのをやめてみる

TODO

「頼る」ではなく「活躍させてあげる」マインドを持とう

「自分の苦手」は「誰かの活躍の場」

本音ではやりたくないことを、無理して続けなくていい。「やめる勇気」を出そう。

ここまで読んで、きっと多くの人が「仕事では、やりたくないことをやらなくてはいけない場合もある」と思ったんじゃないでしょうか。**「みんながみんな、やりたくないことをやめたら、仕事が成立しなくなってしまうじゃないか！」**って。

じつは、そんなことにはならないんです。

人は、「自分がやりたくないこと」は「ほかの人もやりたくないに違いない」と思っているものです。だから多くの人が、やりたくない仕事、苦手な仕事、嫌いな仕事も一人で抱え込んでしまうのでしょう。

でも本当は、「自分がやりたくないこと」は、ほかの誰かの「やりたいこと」である場合が多いんです。

これはまさに僕自身が体験してきたことです。

僕が父の会社にいたころ、インターネットを使って大幅に上げた営業成績が、あるときから目に見えて下がったことがありました。

急に仕事の能力が下がったわけではありません。それでも業績が下がってしまった。

その理由は意外なところにありました。

会社では営業管理のため、契約がとれたら社員共有のエクセルに入力することになっていました。ところが僕は、そういう事務仕事が壊滅的に苦手なんです。しょっちゅう数字の入力を間違えて、ほとほと嫌になってしまいました。

この苦痛を伴う作業を極力やらずに済ませるには、契約数が減ればいい。そういう深層心理みたいなものが働いて、**どうやら無意識のうちに、みずから営業成績を下げてしまっていたんじゃないかと思い当たったんです。**

そんな僕の救世主になってくれたのは、「エクセルに入力する仕事が好き」という経理事務の社員でした。

「空欄だらけのエクセル表を見ると登山家になったような気分になる。登山家が『そこに山があるから登る』ように、私は『そこに空欄のエクセルがあるから入力する』。すべて入力し終えたときの達成感が格別なんです」

僕にはさっぱりわからない感覚でしたが、とにかく、エクセル入力の作業はその人に任せることにしたのです。

こうして僕は営業の仕事に専念できるようになり、それから間もなくかつての営業成績の水準まで回復できました。

もし僕が「エクセル入力、超絶苦手だけど、やらなくちゃ」って一人で抱え込んでいたら、きっと営業成績は低いままだったでしょう。僕はもちろん苦しいし、会社にとってもまったく好ましくありません。

●●● 「苦手」と「得意」がミラクルを起こす

今の仕事を始めて、セミナーや講演会などを開くようになってからも似たようなことが起こりました。

僕は人前で話すことは好きなのですが、それ以外のこと、たとえば参加者の入金状況を管理したり、事前にレジュメを作成したりするのは苦手です。それで困り果てていたときにも、やっぱり「そういうのが好き」な人が引き受けてくれたんです。

その人たちの存在がなければ、今の僕の仕事はほとんど成り立っていなかったといっても過言ではありません。

これは、どんな仕事、どんな職場でも同じはず。

人それぞれ持っている才能は異なっていて、別々の才能が組み合わさってこそ、もっともパフォーマンス高く仕事が成立していくものです。

「こんなすごい仕事、よくできたな……！」っていうミラクルが起こるのも、決まって「自分の苦手」と「人の得意」、「自分の得意」と「人の苦手」が出会ったとき。

だから、ついつい一人で仕事を抱え込んでしまっている人には、もっと人に頼る、人に甘える、それを自分に許すことをおすすめしたいんです。

「認められるためにがんばる」レースは棄権しよう

こんなふうに、一人で抱え込んでがんばりすぎてしまう人の奥底には、おそらく、「がんばったのに認められなかった記憶」が眠っているのだと思います。

それほど多くはなくても、ネガティブな記憶は強烈に刷り込まれます。そのため、「私はがんばってもうまくいかない子」というセルフイメージができ上がっている可能性があるんです。

「うまくいかなくて周囲の人をがっかりさせた」「もっとできたはずなのに」——こうした心が、もっとがんばらないといけないんだと思わせて、「認められるためにがんばる」レースに自分を駆り立ててしまっているのかもしれません。

ここで重要になるのが、そんな過去の自分を労うこと。

「よくがんばったよね」
「一生懸命やってたよね」
「大丈夫だよ」

って当時の自分に丸ごとオッケーを出してあげると、過去をひっくるめて自分を癒すことができます。

こうして自分にダメ出しをしなくなれば、「全部自分でやらないと」という思い込みがなくなり、人に頼ろうと思えるというわけです。

「認められるためにがんばる」レースにハマっている最中って、人のことをなかなか認められないいんです。

自分自身が認めるために超がんばっているので、自分が一番がんばっていることにしないと、居場所がなくなるんじゃないかって不安になってしまうんです。ほかの人ががんばっているのは、自分にとって死活問題なわけですね。

だからこそ「がんばっていた過去」ごと自分を肯定できると、自分が一番がんばっていないと居場所がなくなるっていう不安が消えていきます。

そうすると、安心して人の能力を認められるようになる。人の手を借りるというのも、うまくできるようになっていくはずです。

「才能を発揮する場」を奪わない

しかし、人の手を借りるといえば聞こえはいいけれど、自分の嫌なことを人に押し付けるようで、どうしても気が引ける……と思うのなら、こう考えるようにしてみてください。

「自分のできないこと、やりたくないことは、ほかの誰かの喜び」

「自分一人で抱え込むのは、その喜びを誰かから奪うこと」

「人の手を借りるっていうのは、自分とは別の才能を持った人を活躍させるということなんだ」


どうでしょう？　これで少し見方が変わってくれたらいいなと思います。

ちょっと想像してみてください。

あなたが、「やりたくない仕事」を一人で抱え込んでいるとします。ところが、あなたの知らないところで、その仕事を「やりたい」と思っている人がいるとします。

これは、その仕事を「やりたい」と思っている人から1つ、活躍するチャンスを奪っているという状態とはいえないでしょうか。

今までは、何でも一人でこなしたほうがかっこいいとか、喜ばれるとか思ってきたかもしれません。でも、じつは逆です。

人は誰しも頼られたいし、活躍したい。自分が好きなことや得意とすることで役に立てたら、めちゃくちゃうれしいんです。その「好き」「得意」の分野が人それぞれ違うのだから、世の中って本当によくできているなと思います。

だからあなたが、やりたくないことまでこなそうとしても、じつは誰も喜びません。

それよりも、自分の苦手を得意とする誰かへ、鮮やかに仕事を配分する人のほうが、ずっとかっこいいと思われるはずなんです。

自分にとってやりたくないことは、ほかの誰にとってもやりたくないことに違いない。そもそもこれが大きな勘違いであると思えば、やりたくないことを人に任せるのは、双方にとって幸せなことなんだと考えられるようになるでしょう。

あなたがやりたくないことを「やりたくない」と表明するのは、決してわがままで

はありません。

これは、**人と仕事のマッチングの機会を設けるということ**。その仕事を得意とするほかの誰かが活躍できるチャンスが開かれるというわけです。

まだ経験が浅いうちは、やりたくない仕事をやってみることにも一定の意義があるでしょう。やったことのない仕事や、今はうまくできない仕事でも、できるようになりたいとチャレンジするというのも、すごくいいと思います。

でも、ある程度、仕事歴が長くなってくると、自分の向き不向き、得意や苦手がわかってくるものです。

やるだけやってみたけど「苦手」「嫌い」「向いてない」って思うことは、もう、一人で抱え込まなくていいんです。

自分を解放するごとに、ほかの誰かが好きなことで活躍できる幅が広がるんだと思って、やりたくないことはどんどん手放すほうへと方向転換していきましょう。

失敗を隠すのを やめてみる

ToDo

芸人さんのように
ポンコツエピソード
をネタにしてみよう

「好き」「得意」を仕事とマッチングさせる

やりたくない仕事から自分を解放し、ほかの誰かが活躍できる幅を広げる。

その一番手っ取り早い方法は、それぞれが「取扱説明書」をつくって共有することです。

1章（62ページ）では、取扱説明書に「私の適切な愛し方」、つまり「自分は何をされるとイヤで、何をされるとうれしいか」を示すとお話ししました。

仕事とは、それぞれが「好き」「得意」を持ち寄り、お互いの「嫌い」「苦手」をカバーし合って何かを成し遂げること。というわけで、**仕事上の「取扱説明書」に記すの**

は「私を適切に活躍させる方法」です。

みんなで「自分はこんなことが苦手で嫌い」、そして「こんなことが得意で好き」と表明し合えば、仕事のマッチングが一気にスムーズになるんです。

「へえ、○△さんってエクセルの作業が好きなんだ。じゃあデータ集計はお願いしていいかな？」

「お、□○さんは人と話したり説得したりするのが得意なのね。じゃあコラボ企業との交渉はお任せしたいな。どう？」

っていう具合に。

基本情報として、それぞれの「仕事の好き嫌い、得意不得意」がわかっていると、自分の持ち味を活かしながら幸せに働けるようになるんですね。

ちなみに、仕事の好き嫌いや得意不得意は固定的なものではなく、変化する場合も多いので、**「取扱説明書」は年1くらいのペースで更新していくといいでしょう。**

以前、複数の企業で顧問を務めていたころにも、よく「取扱説明書」を取り入れましたが、効果はてき面でした。みんな生き生きと働くようになったのです。

まずは自分の「苦手」や「失敗」を笑ってみせよう

「取扱説明書」の効果を最大化するには、「自分の苦手や失敗を笑える空気」をつくるというのも重要です。

なぜなら、「こういうのが苦手、嫌い、向いてない」に「申し訳ない」という気持ちがくっついていると、やりたくないことは人に任せて好きなことに専念する、ということがうまくできなくなってしまうからです。

では、「苦手や失敗を笑える空気」を職場に生み出すには、どうしたらいいか。**まずは、自分で自分の小さな苦手や失敗を笑う、そして人の苦手や失敗にも目くじらを立てないことから始めるといいでしょう。**

といっても、会社やチームに損害を与えるような失敗を笑うと、「こんなに迷惑をかけておいて、ヘラヘラするなよ！」なんて反感を買ってしまいますね。たとえば、「書類の整理が苦手なこと」を笑うといっても、社外秘の重要書類をなくしたらさすがに笑えません。

でも、経理に精算してもらわなくてはいけない立て替え経費の領収書ならば、なくしたところで痛いのは自分の懐だけ。こういうのは笑っても大丈夫でしょう。

「あれ？　あのときの領収書、どこ行っちゃったかな。こういうとこ、私ってホントにポンコツなんだよね～（笑）。……あ、あった（と、引き出しの奥からクシャクシャの領収書を引っ張り出してくる）」

何となくわかります？　周りの人が、ついクスリと笑ってしまうような小さな苦手や失敗を、みずから開示して笑っちゃえば

いいわけです。

ポンコツなところを見せたら軽蔑されると恐れているかもしれませんが、じつは少しポンコツなところが見えちゃっている人のほうが慕われやすいんです。

そのようなポンコツな人が身近にいることを想像すると、たしかにと納得しませんか？　完璧な人は近寄りがたく、欠点がある人は「この人も人間なんだな」と思えて親しみやすいんじゃないでしょうか。

「人は長所で尊敬され、短所で愛される」というのは、ベストセラー作家のひすいこたろうさんの言葉ですが、本当にそうだなと思います。

僕のSNSの投稿でも、意外なことに「これはみんなのタメになるぞ〜！」って気合い入れて書いたものよりも、ポロッと書いた自分のポンコツエピソードにたくさん「いいね！」やコメントがついたりします。

「銀行に行った。財布を忘れたことに気づく。家に戻って財布を持ってまた銀行に行った。財布にカードが入っていないことに気づく（↑今ココ）」

みたいな投稿です。

つまり、自分の欠点を明かしたら軽蔑されるどころか、より好かれる可能性のほうが高いわけです。この点も一緒に意識しておくと、自分の苦手や失敗を笑うのも怖くなくなるに違いありません。

いきなりこれはハードルが高いと感じたら、プロの助けを借りましょう。自分の「失敗」「苦手」を笑っているプロ……、そう、**深夜テレビなどでよく目にする、芸人さんの失敗談でゲラゲラ笑うのです。**

そうしたら自分の失敗だって何でもないことのように思えて、周りの人と一緒に笑えるようになるんじゃないでしょうか。

と同時に、**人の小さな苦手や失敗は決して責めない。**その人が落ち込まないよう、いわば「やっちゃった、てへ」で許される空気を、ぜひあなたのほうから発してあげてください。小さな一歩ですが、それが積み重なることで、次第に「苦手や失敗を笑える空気」ができていきます。そうなってこそ、「取扱説明書」は最大の効力を発揮するのです。

誰もが「申し訳ない」なんて苛まれることなく、人に頼ったり甘えたりできるようになり、自分の持ち味を存分に発揮できるようになっていく。自分のみならず、周囲の誰もが幸せながんばり方で成果を出せるという、最高の仕事環境が整います。

責めてくる人に対抗するのをやめてみる

TODO

怒ってくる人は「理解」と「尊敬」で味方にしちゃおう

「怒られる」人のメカニズム

「笑い」は、もっとも簡単かつ効果的に職場の空気を明るくし、誰もがストレスなく実力を発揮できるようになる特効薬です。

人は強いストレス下に置かれ続けると、実力を発揮できなくなるものです。以前は普通にできていたことすらできなくなってしまう。ストレスのない環境、笑いの絶えない環境ほど、チームのパフォーマンスは高いといっていいでしょう。

ところが、なかには断固として、そんなふうに職場の空気がよくなることを妨げようとする人もいるものなんですよね……、困ったものです。

笑っちゃえば済むような小さな失敗をチクチク責める人、叱責といっても、人の成長を助ける前向きな叱責ではなく、感情的に人格否定混じりの暴言を浴びせる人、やたらとマウントをとってくる人。

そんな場合のとっておきの対処法もお話ししておきましょう。

最初にお断りしておきたいんですが、ここでお話しするのは「一撃でやり込める」「ひと言でぐぅの音も出なくさせる」といった攻撃手段ではありません。

先ほど挙げたみたいな「ちょっと厄介な人」ほど、**じつは攻撃するより「味方につける戦略」をとったほうが何かと都合がいいんです。**

その方法を説明する前に、なぜ、その人は理不尽な叱責をするのか、そしてなぜ自分はそんな理不尽な叱責を受ける側になってしまっているのか、考えてみましょう。

まず、**なぜその人が理不尽な叱責をするのかというと、おそらくその人自身が理不尽な叱責を受けてきたから。**幼少期からそのように育ってきたことが、がっつり今の叱り方に反映されてしまっていると考えられます。

一方、なぜあなたはそんな理不尽な叱責を受ける側になってしまうのでしょうか？

2つの理由が考えられます。

驚かれるかもしれませんが、それは、あなたの「愛情」の為せる業かもしれません。**理不尽な叱責を受ける側に立つことで、相手のガス抜きを手伝ってあげているのです。**これが1つめの理由です。

そしてもう1つの理由は、**相手に対する「復讐」**です。相手のことが心底憎いから「もっと怒らせてやれ」という具合に、復讐心からくる態度が叱責の火に油を注いでいる可能性もあるんです。人間の心って不思議ですよね。

まずは、そんな自分と対話してみるといいと思います。

「私はガスを抜いてあげてるんだろうか、それとも復讐してるんだろうか？」

「たぶんガス抜きだな。でも、そもそもなんで私がこの人のガス抜きなんてしてあげなくちゃいけないんだろう？」

「そっか、復讐したいんだな、私。でもこんなダメージを受けてまで復讐したいのかな？」

こんな対話をしてみるだけでも、「嫌な叱責をする人、される人」のループから抜けることができます。そのうえで次の方法をとれば、もう相手の理不尽な怒りに巻き込まれることはなくなるでしょう。

・・・世界一簡単なスルースキル

その方法とは2つです。2段階に分かれているといってもいいかもしれません。

1つは、「どんな言葉もスルーする」方法、もう1つは「相手を味方につけちゃう」方法です。

まず、どんな言葉もスルーするには、頭の中で相手を「5歳児」に置き換えてみる。どれほど自分より年上の人でも、「5歳の子どもが親から理不尽に怒られてギャン泣きしている」という目で相手のことを眺めてみるといいんです。

想像してみるとやはり、見え方が変わってくるのではないでしょうか。

自分のほうが上から目線になるといったらいいのか、まるで大人が子どもを優しく見守るように、「うんうん、怖かったね、もう大丈夫だよ」と言ってあげたくなってくる。

それこそが、この方法のキモです。

相手を「5歳児」と思って眺めることで、相手の威圧感の影響を受けなくなります。すると、気持ちが落ち着いて冷静になれるので、**叱られたことによるパニックやフリーズが起こりづらくなります。**

相手の言葉をもろに食らってダメージを受けることを避けられる。

このテクニックは、理不尽に叱られても相手の感情に巻き込まれたり、心理的に支配されたりせず、自分を保つのに役立つのです。

このベースの上に、もう1つの「味方につけちゃう」方法を取り入れたら最強です。

苦手な人を味方にしちゃう法

仮に相手が上司ともなれば、離れたくても離れられません。毎日、顔を合わせますし、もちろん仕事でも密接に関わらなくてはいけませんよね。

ならば相手が「敵」として存在し続けるよりも、早々に相手に「味方」となってもらったほうがいいでしょう。

敵としてではなく味方、チームメイトとして相手と関わる。**そのために、「理解と尊敬の念」を相手に示すのです。**

僕自身にもこんなことがありました。

父の会社で働いていたころ、役員や上司にはペコペコするのに、部下や後輩には横柄な人がいました。そのせいで社内ではあまり好かれていなかったのですが、僕は、こんなふうにコミュニケーションをとってみたんです。

「〇〇さん（その人）ってすごいですよね。だってパートさんとかにも本気で怒るじゃないですか。人間、誰しも好かれたい気持ちがどこかにあるから、なかなかできないことじゃないかって、僕、思うんです」

するると、その人は急に顔をくしゃくしゃにして「そんな、やめろよ……」って泣きだしてしまいました。ふだん、誰からもそんなふうに言われないからこそ、たぶん驚きも感激もひとしおだったんでしょう。

これを機に、その人は僕のもっとも心強い味方になってくれました。

じつはこれ、本田健さんから教わった方法なんです。あるとき、その人のことをこぼしたら、健さんはこんなふうに僕をリードしてくれました。

「きっとその人は親から過剰に期待されていて、いつも親には媚びへつらう一方、弟とか妹にはつらく当たってストレス発散していたんじゃないかな。そういう子のこと、どう思う?」

「見たまんまのおじさんだと許せないけど、小さな子どもだと思うと、なんか、かわいそうかも……」

僕がこう答えると、「そうだよね。じゃあ、相手が小さな子どもだと思って『よしよし、お兄さんの前では無理しなくていいんだよ』って言ってあげるようにイメージしてごらん。そして、その気持ちのままコミュニケーションをとってみたらいいよ」と健さん。

すると、今までは「むかつく！」と思っていたのがウソのように、その人に対して優しい気持ちになることができたんです。

僕が言った言葉は、そんな気持ちから自然に生まれたものでした。

対抗すれば攻撃される、味方につければ「盾」になる

当たりが強い人は、こちらが対抗すれば攻撃されますが、同じ側に立てば最強の「盾」となってくれます。

実際、味方につけるとこれほど心強い存在はありません。

ここで1つ注意点。今まで「テクニック」としてお話ししてきたことではありますが、「これさえ言っておけばいいんでしょ」とばかりに心にもない言葉を発するようで

は、相手に見抜かれ、かえって関係が悪化しかねません。

だから「あいつ、むかつく！」という気持ちはひとまず置いて、相手を5歳児と思って冷静に向き合い、相手の感情に巻き込まれないようにする。

そうしてみると、僕の身にも起こったように、きっと優しい気持ちが湧いてくるでしょう。「ああ、この人も大変だったんだな。今も一生懸命なんだな」って。

その延長として、相手が必死になって守ろうとしているものや、懸命に成し遂げようとしていること、ひと言でいえば「相手なりの仕事愛」にも目が向くようになります。

こうなってくると、単なるテクニックとしてではなく、心からの理解と尊敬の念が自然と生じるはず。

あとは、その気持ちを素直に言葉で表現すればいいというわけです。

自分に対する理解と尊敬を示してくれる人に、厳しく当たる人はそうそういません。手強い人でも、自分の気持ちひとつ、コミュニケーションのとり方ひとつで味方につけることができるんです。

「自分のせい？」と考え込むのをやめてみる

TODO

自分が輝ける環境へさっさと逃げちゃおう

一瞬で幸せに近づける法

幸せは、これから獲得するものというよりも、すでに「ある」ものです。しかし、環境に大きく左右されるものでもあります。

たとえば家庭では「今ある幸せ」を存分に感じられても、会社にはイヤな上司がいて、ほとんど幸せを感じられない。そんなこともあるでしょう。

苦しい環境に置かれながら、「今ある幸せ」に気づけなんていわれても、困ってしまいますよね。ほんのわずかの幸せを感じられる瞬間だけでは、環境からくる苦しみは取り除かれません。

僕からの提案はシンプルです。

自分を苦しめる環境からは、逃げちゃえばいいんです。

今いる環境で苦しい思いをしているのなら、無理して居続けることはありません。現に幸せな人って、幸せなほうへ、幸せなほうへと自分を動かしているものです。

「なるべく幸せなほうへ行きたい」という意識があるから、幸せな環境が引き寄せられるようにして目の前に現れるし、それを敏感に察知することができる。だから、今、幸せなのです。

ところが、苦しい環境に居続ける人は、それがうまくできないようです。

「どうして、この人はいつも私を攻撃してくるんだろう」

「ひょっとして私に何か落ち度があるんだろうか」

と考えるばかりで、環境そのものを変えるという発想がなかなか働かない。幸せを感じられていない人は、なぜか幸せでない環境にとどまってしまうみたいなのです。

「スズメバチ」を目の前にして、その場にとどまりますか？

根底には、おそらく**「逃げるのは悪いことだ」「そんなの無責任だ」**という思いがあるのでしょう。苦しくてたまらないのに、「ここで何とか認められなくては」と、幸せでないほうのがんばり方をしているわけですね。

より幸せな人生にしていくには、そのマインドから切り替えていく必要があると思うんです。

想像してみてください。

キャンプに行って、テントを張ったところにスズメバチが出たらどうしますか？

絶対、テントの場所を変えますよね。

「ここで逃げるなんて悪いことだ」とか、「そんなの無責任だ」なんて、誰も思わないでしょう。

その場にとどまって、

「なぜスズメバチの習性は攻撃的なのだろう」

「なぜここにいるのだろう」

なんて考えていたら、刺されて命を落としかねません。

今いる環境の苦しさの原因となっているのは、たいていの場合「人」だと思います。

職場の上司や同僚、地域の人間関係ならばご近所さん……、そこであなたを苦しめている人は、キャンプ場の「スズメバチ」みたいなものなのです。

出会ってしまったのは仕方ない。そこであれこれ考えずに、さっさと「逃げる」「場所を変える」が正解なんです。

なんで私を
攻撃してくるんだろう？
ブーン
ブーン
チク
チク
何してるの!?
はやく逃げて!!

●●● 本当は、どんな人でも天才

それでも、やっぱり逃げるのは気が引けてしまいますか？

「天は必ず、その人が輝ける場所を用意してるがね」

僕の師匠である日本一の投資家・竹田和平さんの言葉です。

苦しいと感じる環境で、人は輝くことができません。それは、もっと別のところに、本当に自分が輝ける場所があるということなのです。

また、こうも言えます。

「あなたが輝いていない場所は、ほかの誰かが輝ける場所かもしれない」

112ページでもお伝えしましたが、あなたが「苦しい」「つらい」と思いながらも、その場所にとどまることで、本来、その場所で輝ける人から舞台を奪ってしまっている可能性があるわけです。

先ほどの和平さんの言葉は、「適材適所」という言葉を和平さん流に言い換えたものです。

人それぞれの能力、才能に適した場所がある。天は必ず、その場所を用意しているのだから、今いる環境から逃げるのは正しいことなんです。

今いる環境が苦しいのなら、それは「あなたの輝ける場所はそこじゃないよ。早く出て行きなさい」という天からのメッセージだと思ってください。

どこかに必ず、びっくりするくらいラクで幸せな場所が準備されています。

その場所こそが、あなたが本当に輝ける場所なんです。

3

章

「恋愛」で
ついつい
がんばっちゃう
人へ

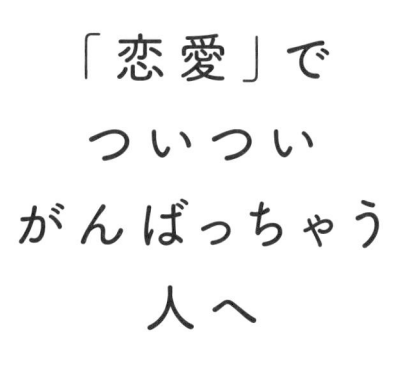

TODO。

刺激を求めるのをやめてみる

マインドフルネスで「今ある幸せ」に満たされよう

「問題」がないと退屈しちゃう僕たち

世の中に「幸せになりたくない」人なんていないでしょう。

とくに恋愛では、「幸せかどうか」を軸にあらゆる決断をすることが多いと思います。

みんなが幸せを追い求めていて、幸せになる秘訣もたくさんある。僕も、自分自身の経験や周りの人たちから教わったことを元に、いろんな場所で「どうしたら幸せになれるのか」をお伝えしてきたつもりです。

ところが、なぜか多くの人が自分を不幸だと感じているようです。

幸せを感じる瞬間はあっても、次の瞬間には「こんな問題がある、あんな問題もある。大変だ。どうしよう……」なんて思い悩んでいるのです。それは、おそらく「今ある幸せ」に気づいていないから。というより、**「『今ある幸せ』では退屈になってしまうから」**といったほうが当たっているかもしれません。

幸せって、「京風だしのすまし汁」みたいなものです。

ただただ滋味があって、「ああ〜、おいしいなあ」とため息が出てしまうような深い味わい。こんなに贅沢でありがたいものはないはずなのに、ときとして僕たちは刺激が欲しくなり、ジャンクフードや激辛料理を求めてしまう。

これと同様、**僕たちは「今ある幸せ」だけでは退屈になってしまって、何かしら問題という「刺激」を求めてしまっているんじゃないでしょうか。**

僕たちの悩みが尽きないのは、結局のところ、僕たちのほうが求めてしまっているから、というところに原因があるように思えるのです。

でも、たとえ自分から求めているものとはいえ、問題に立ち向かうのは大変だし、苦しいものです。幸せでないがんばり方が続くことにもなります。

問題という刺激を求めることなく、いっそ「今ある幸せ」だけで満たされることができたら、それが一番の幸せでしょう。

「ある」「ある」「ある」マインドフルネス

さて、どうしたらいいでしょうか。

友だちの武田双雲くんがすごくいい方法を教えてくれたので、ここでみなさんにもシェアしたいと思います。

それは、ひと言でいうと、心をいったん真っ平らな状態にリセットする方法です。

問題に直面しているとき、僕たちは、「その問題が解決された未来」のことばかり考えています。その未来を実現するために、問題に立ち向かうわけですね。

つまり、「今このとき」を味わっていないということ。

「今このとき」とは違う未来が早く欲しくて、イライラしているのです。

理想の状態
あ〜
食べた
食べた
ぐちゃ〜
BEER

これが、問題に立ち向かっているときのメンタリティです。幸せでないがんばり方をしているときのメンタリティといってもいいでしょう。

双雲くんによれば、こんなふうに「イライラして、今このときとは違う未来を求めている」ことこそが、人間を不幸にしている。

たしかにそうなのかもしれません。先ほどもいったように、何かを「問題だ」と感じるとき、僕たちは「その問題が解決された未来」を見ているのですから。

たとえば、髪の毛を乾かそうとしてドライヤーをかけているときも、僕たちは「今このとき」とは違う未来を求めています。

ドライヤーをかけているときって、「この風、最高〜!」なんて思ったりしませんよね。たいていはドライヤーを持った手を忙しく動かしたり、髪に手ぐしを通したりするはずです。「早く乾け〜!」って。

つまり「髪の毛が乾いた未来」ばかり見て、その未来が早く欲しくて、「ドライヤー」をかけている、今このとき」は置き去りにされているわけです。

もし「今このとき」を味わうことができたら、「イライラして、今このときとは違う

未来を求めている」という状態ではなくなります。今まで問題だと思っていたことすらも、問題ではなくなるんです。

だから、問題という刺激を追い求めることなく「今ある幸せ」だけで満たされる秘訣は、「今このとき」をもっと味わうこと。そうして心を真っ平らな状態にリセットすること、というわけです。

双雲くんが教えてくれた方法は、簡単です。

周りのものを、ひたすら「ある」「ある」「ある」と感じること。

もう少し具体的にいうと、「今このとき」に目に入るもの、肌に感じるもの、耳に聞こえるものを、1つひとつ「今、何々がある」「今、何々が触れている」「今、何々が聞こえている」と感じる。これだけでいいのです。

●●● 「今」に浸ればイライラは消える

僕たちが日々、直面している（じつは求めてしまっている）問題には、大きいものもあれば小さいものもあります。

たとえば、砂浜で手やお尻についた砂を「パンパンパン！」と払う。これも、問題を解決しようとしているということです。「砂がついている状態」という問題を、「砂がついていない状態」へと解決しようとしているわけですね。

じつはこれ、まさに双雲くんと一緒に砂浜に座って、この話をしていたときのエピソードなんです。

素早く砂を払おうとする僕に、双雲くんは言いました。

「ほら、こーちゃん、それだってイライラして問題を解決しようとしてるってことだよ。**『砂がついていない未来』にばかり意識が向いて、『今このとき』をぜんぜん見てなかったでしょ？**『今、砂がついてる』『今、ちょっと風が吹いてる』『今、お日様が沈んできて空が赤くなってきた』って感じてごらん」

このときは、砂を払っている自分のイライラすら自覚していませんでしたが、言われたとおりにしてみたらスーッと心がフラットに整うのを感じました。

ついさっきまであった「砂」という問題は、もはや問題ではなくなり、「砂、キラキラしてるな」「風、気持ちいいな」「夕日、きれいだな」というふうに「今ある幸せ」に浸ることができたんです。

実際にやってみて、これは「双雲式・マインドフルネス」だなと思いました。「ある」「ある」「ある」マインドフルネスです。

いつでもどこでも心を真っ平らにリセットし、イライラをスッと落ち着かせ、ホッと「今ある幸せ」を実感できる。こうして「今ある幸せ」で満たされれば、「刺激」を求めることもなくなり、幸せな恋愛に近づけるはずです。簡単で効果絶大ですから、ぜひやってみてください。

「好きな人に尽くしたい」をやめてみる

ToDo

男性の「尽くしたい」思いを尊重しよう

・・・「私に尽くすことがあなたの幸せでしょ？」

ここではおもに女性を対象にお話ししますが、恋愛で悩みやすい人は、いわゆる「尽くすタイプ」の人だと思います。

そしてこれは男性である僕から明確にお伝えしておきたいことなのですが、**男性ってやつの大半は、好きな人に喜んでもらうことに無上の喜びを感じる生きものです。**

とにもかくにも好きな人の笑顔が見たい。

そのために、好きな人に尽くしたいんです。

それなのに、好きな人に先に尽くされてしまうと、男性は、すっかりお株を奪われた形になります。

こういってはなんですが、**「もっと尽くして喜んでほしいのに、なんだか尽くしがいがないなあ」**なんて、悲しくて残念な気持ちになってしまうのです。

ここで一番にお伝えしたいことは、めちゃくちゃシンプルです。

今まで男性に尽くしてきた女性は、今後、もっと男性に尽くさせてあげてください。

「私に尽くすことがあなたの幸せでしょ？」

くらいの気持ちです。

今まで「尽くさないと愛されない」と思ってきたかもしれませんが、じつはそうではないんです。

もし、相手から尽くすことを求められてきたのなら、そもそも付き合ってはいけないタイプの男性だったんでしょう。「尽くさないと愛されない」という自分のマインドが、そういう人を招いてしまっていたといってもいいかもしれません。

だからといって自分を責める必要はいっさいありません。

自分のマインドが招いていたものは、マインドさえ切り替われば変えられるということです。

まずは「尽くさないと愛されない」マインドを、「私に尽くすことがあなたの幸せでしょ?」マインドに切り替えましょう。すると自然と、女性に尽くしたいタイプのすてきな男性が引き寄せられてくるはずなんです。

●●● 何かを差し出さなくても、愛される

それにしても、このマインド転換は、さすがに急激すぎたでしょうか?

では、「私に尽くすことがあなたの幸せでしょ?」マインドに至る1つ前のステップとして、ぜひ次のことをやってみてください。

序章から繰り返しお伝えしていますが、あなたは、つねに何かと引き換えに愛されてきたわけではないでしょう。あなたという存在そのものが喜ばれ、尽くしてもらった経験が、過去に必ずあるはずなんです。

だから、ここで記憶をたどって、親でも友だちでも、あるいは今の彼でも旦那さんで

祝ってくれた
雨の中
迎えに来てくれた
ご飯をつくってくれた

も誰でもいい、どんな小さなことでもいいから、**「私が何もしなくても、何かしてもらえたこと」を思い出してください。**

その何かをしてくれたとき、相手が、あなたに尽くすことに喜びを感じていたことは間違いありません。あなたから先に何かを差し出したのではありませんから。

つまり、すでに愛されていたから、やってもらえたわけです。

あなた自身は「すでに愛されている」「私に尽くすことがあなたの幸せでしょ?」とは思っていなかったとしても、何かと引き換えではなく無条件に尽くされた経験が、すでにあるということです。

すでに経験済みの「無条件に尽くされたこと」を味わい直すと、前提は「すでに愛されている」へ、マインドは「私に尽くすことがあなたの幸せでしょ?」へと切り替わりやすくなります。

こうしてマインドが切り替わると、過去に「無条件に尽くされた経験」がいっそう強化されていきます。

さっそく現実が変わり始めるに違いありません。

「自分が尽くす」ばかりではなく、「相手に尽くさせてあげること」ができるようになる。すると心にも余裕ができて、「自分のために、喜びとともに相手に尽くす」ことができるようになる。

また、そもそもの話として、**尽くすことを求めてくるような男性ではなく、「好きな人に尽くしたい」というすてきな男性と付き合えるようになる。**

こんな具合で、パタパタとオセロの石がひっくり返るように、本当に幸せな恋愛の可能性が大きく開かれるんです。

幸せにしてあげるのをやめてみる

ToDo

一緒に幸せになるマインドで幸せを大きくしていこう

幸せなお金持ちの奥さんたちの共通点

「私に尽くすことがあなたの幸せでしょ?」マインドを聞いて驚いた人も多いでしょう。とくに、今まで相手のために尽くしてきた人は「そんなに横柄でいいの?」と思ったかもしれないので、もう少し説明しておきますね。

そもそも、僕がこのマインドを幸せなパートナーシップの最強の条件だと思うに至ったきっかけは、幸せなお金持ちの奥さんたちを観察したことでした。

大きく成功されている方を、ずっと支えてこられた奥さん。そう思うと絵に描いたような大和撫子を想像するかもしれませんが、それがまったく違うのです。

たとえば、ある奥さんは、ある年のバカンスシーズンに1ヶ月間ほど海外の別荘に滞在し、ゴルフ三昧の毎日を送っていました。

旦那さんのほうはどうかというと、忙しい合間を縫ってその1ヶ月のうちのほんの1日だけ奥さんと合流し、一緒にゴルフコースを回って、終わるとすぐに日本に飛んで帰ったそうです。「0泊1日」という強行スケジュールでした。

そんななかで、奥さんは「あの人ったら、もっと時間つくって、私と一緒にゴルフすればいいのにね〜」とケラケラ笑っている。旦那さんが稼いだお金で暮らすどころか豪遊までしているのに、さも「それが当然」という顔で堂々としています。

といっても、決して不仲とか、旦那さんを尻に敷いているとかではありません。ご夫婦一緒にいるときは、それはもう仲睦まじくて、「こういう夫婦って本当にすてきだな」って憧れてしまうくらい、見るからに幸せなご夫婦なのです。

この奥さんに限らず、僕とお付き合いのあるお金持ちの奥さんたちは、みなさん、「尽くさせてあげている」ような感じです。

みなさんに共通しているということは、それこそが幸せなパートナーシップの秘訣なんじゃないかと思いました。

そんな奥さんたちのあり方を、僕なりの言葉に落とし込んだものが**「私に尽くすことがあなたの幸せでしょ？」マインド**だったわけです。

●●●「あの人は私がいないとダメ」が男をダメにする

男性は本来、好きな人を喜ばせたい生きものだから、自分が尽くすよりも先に、男性のほうに尽くさせてあげてほしいと言いました。

それは、単に尽くさせてあげたほうが相手も自分も幸せだから、だけではありません。

１４６ページでも述べましたが、好きな人を喜ばせるためとなれば、男性はいくらでも奮起します。

相手の喜ぶことをしたいし、仕事だって百人力でがんばれる。だからこそ、**「私に尽くすことがあなたの幸せでしょ？」マインドは、幸せなパートナーシップの秘訣であるだけでなく、男性を出世させることもできる**とお伝えしたいんです。

逆に、「あなたのため」と尽くされてしまうと、どんどんダメになるのが男性というものです。

そこに気づけないと、「あの人は私がいないとダメ」という思考にハマり、自分はますます尽くし、男性はますますダメになり、ふたりして泥沼から抜け出せなくなってしまうのです。

「幸せにしてあげる」と思っていると、どうしても意識が尽くすほうへと向きがちです。

そんな状態で引き寄せられるのは、「幸せにしてもらいたがっている、現状、不幸な人」ばかり。

だから「幸せにしてあげる」ではなく、「一緒に幸せになる」。すでに幸せな人とふ

幸せにしてあげる!
この人、俺を幸せにしてくれそう…
す〜〜…
ふたりで一緒に
幸せになる…

たり一緒に、もっと幸せになろうね、というマインドが本当の幸せな恋愛や結婚を招くんです。

いかがでしょう？　「私に尽くすことがあなたの幸せでしょ？」マインドは決して横柄ではありません。それどころか、ふたりが幸せになれるうえに、男性を上げることもできる最強マインドなのです。

幸せを受け取るキャパを広げる

幸せなお金持ちの奥さんたちの多くは、「私に尽くすことがあなたの幸せでしょ？」マインドを持っている。この話には、じつはまだ続きがあります。

僕が本当に「さすがだな」と思うのは、奥さん方が贅沢な暮らしをしている一方で、理念に共感できるNPO法人を支援するなど**「陰徳」を積んでいること**。これも僕が知る限り、幸せなお金持ちの奥さん全員に共通しているところです。

ひたすら旦那さんのために自分を犠牲にし、尽くしながらでは、世の中に目を向ける余裕なんて生まれないでしょう。

「夫にとっては私に尽くすことが幸せであり、実際、大きく成功した夫の稼ぎで、私は悠々自適に暮らすことができている。こんなに夫にちやほやされているから、私は私で、少しでも世の中のためになることをしたいな」

きっと心の中では、こうした幸せのリレーが行われているんだろうなと感じます。幸せなお金持ちの奥さんたちは、すでに幸せをたくさん受け取っているぶん、幸せのバトンをたくさんつないでいる。**幸せの循環がすごく早いんです。**

幸せを受け取れるキャパは、自分で広げることができます。「私に尽くすことがあなたの幸せでしょ?」マインドを身につければ、確実に広がります。

こうして、パートナーからより多くの幸せを受け取れるようになったら、ぜひ何かしらの形で、あなたも幸せのバトンをつないでください。

たとえば、デートで行ったレストランに、お礼のメールを送るのはどうでしょうか? そのお店のポジティブな口コミを広げるのもいいですね。このくらい、小さなことでいいんです。

受け取ったらバトンをつなぐ、バトンをつないだらまた戻ってくる。こんな具合に自分の周囲で幸せがぐるぐると循環し、そのたびに幸せが大きくなっていくのです。

ToDo。

本音の裏返しをやめてみる

人にすること＝自分がされたいことという心理に気づこう

「尽くす」は自分の犠牲の上にある

「尽くさせる」マインドが、幸せな恋愛に必要不可欠であるという話をしてきました。それでも、「尽くすこと」に幸せのようなものを感じている人も、まだまだいると思います。

恋愛とは、特定の誰かと親密な関係を築くことです。

恋愛感情があるからこそ、パートナーのためにがんばって尽くしたくなる。その結果、パートナーが満たされたら、自分も心が満たされる。

たしかにパートナーのためにがんばるのはすてきです。

ただ、そのがんばりが、「好かれるため」だとしたら、やはり幸せな恋愛とはいえないと思うんです。

愛されるためにがんばることには、苦しみが伴います。

「どれくらいがんばったら、愛してくれるの？」って。

まるで終わりのないマラソンを走り続けるようなものです。

でも、「すでに愛されている前提」があれば、がんばること自体が喜びになります。

すでに愛されているわけだから、愛されるために何かをするのではなく、自分がしたいからする。恋愛で「自分のためにがんばる」とは、こういうことなんです。

恋愛とは本来、どちらかの犠牲の上に成り立つものではないはずです。

双方が、「すでに愛されている前提」で愛情を寄せ合い、互いに満たし合う。そんな恋愛が叶ったらすてきだと思いませんか？

一方、自分を犠牲にして、愛されたいがためにパートナーのためにがんばって、パートナーが満たされたら自分も幸せというのは、一種の恋愛依存状態ではないかと思います。

そんな「尽くさないと愛されない」マインドを切り替え、本当に幸せな恋愛の鍵をつかんでいきましょう。

尽くす人は、本当は尽くされたい人

ここで考えてみたいのは、そもそもなぜ、自分を犠牲にしてまで尽くしてしまうのか。**人には、「自分がされたいことを人にする」という一面があります。**自分の気持ちを遠回しにでも表現するために、本音が裏返しになって行動に表れるわけですね。

この法則からすると、パートナーに「尽くしてしまう」という行動の裏側には、「尽くされたい」という本音が眠っている可能性が高いでしょう。

まずは、そんな自分の本音に気づくこと。

すぐには受け入れがたくても「尽くされたいのかもしれない」と思ってみることが大きな一歩です。

ではなぜ、本音ではそう思っているのに、つい自分を犠牲にしてまで、尽くしてしまう人がいるのでしょうか？

ここでも、幼いころの記憶が影響しています。おそらく**「甘えることが許されない環境」で育ってきたのでしょう。**

甘えたい盛りに甘えることができなかった。それが、本音では「尽くされたい」と思っているのにパートナーに素直に甘えられず、代わりに過剰なほど尽くしてしまうことにつながっていると考えられるのです。

いきなりこんな話をして、ちょっとショックだった人もいるでしょう。

「私、別に、尽くされたいから尽くしてきたわけじゃない！」と反発を覚えた人、あるいは「尽くさないと愛されないから、やめられない」と強迫観念みたいなものに襲われた人。

つらい思いをさせてしまってごめんなさい。それでも、もう少し読み進めてみてほしいのです。そう思った人ほど、これからお話しすることを実践すると、きっとこれまで以上に幸せな恋愛の扉が開きますから。

子ども時代からの思い込みをやめてみる

ToDo

お母さんとの関係
＝全人類との関係
という考えを
リセットしよう

親にも「できない」愛情表現がある

愛されるために尽くしてしまう人は、幼いころに甘えたくても甘えられなかった。そんな「甘えることが許されない環境」で育つと、心の奥底に「甘えちゃダメマインド」が刷り込まれ、パートナーにも素直に甘えることができなくなってしまう。

まずは、ここから見ていきましょう。

現在の人間関係には、「自分と自分の関係」が反映されているとお話ししましたね。

そして**「自分と自分の関係」には、じつは、たいてい「お母さんと自分の関係」が反映されているのです。**お母さんとの関係が自分のOSとしてインストールされ、それが現在の人間関係に影響しているということです。

「甘えちゃダメマインド」が刷り込まれている人だって、小さな子どもだったころは、まだ甘えることができていたはずです。

しかし、ある程度の年齢になり、「一人でやりなさい」「甘えてはいけません」と教育されるにつれて、「人に甘えちゃダメなんだ」と刷り込まれていく。

お母さんが自分に厳しかったから、自分も自分に厳しくなる。結果として、大人になってからも人に甘えられなくなってしまうのです。

たくさん甘えてもいいはずの恋人に対してすら、素直に甘えられない。それと引き換えるようにして、過剰なまでに尽くしてしまうんですね。

とはいえ、育て方についてお母さんを責めるのは少し酷かもしれません。お母さんはお母さんなりにあなたのことを愛し、精一杯、子育てをしていたのかもしれないから。ただ、世の中には「毒親」と呼ばれるようなお母さんも存在しますから、すべてのお母さんが子どもを愛していたとは断言できません。なので、慎重に自分の心の様子を見ながら次のように考えてみて、もし腑に落ちるなら、少しだけ振り返ってみてほしいのです。

お母さんがあなたに厳しかったのは、もしかしたら、あなたが一人でも生きていけるように早く自立を促すためだったのかもしれない。ただ少しやり方が不器用だったために、そういう愛情がうまく機能しなかっただけ。そんな可能性もある。

いってみれば、愛情というボタンの掛け違い。

自分が求めている形の愛情をお母さんからもらえなかったというのは、子どもにとって残念で悲しいことには違いありません。

でも、仕方なかったのかもしれない、と僕は思うんです。**そもそもお母さんは「愛情の適切な示し方」を知らなかった**。やり方を知らなければ、できなくても「仕方なかった」んじゃないかって。

それに、お母さんもまた人の子です。

先ほど触れたように、人間関係には「自分と自分の関係」が反映され、それはさらに「お母さんと自分の関係」の影響を受けています。

つまり、**お母さんとあなたの関係性は、お母さんと、そのお母さん（つまりあなたにとってはおばあちゃん）の関係性を反映しているということです。**

そう考えると、たとえば、すごくお母さんが厳しかったのなら、それは、おばあちゃんに厳しく育てられた影響なのかもしれません。

もちろん、おばあちゃんはひいおばあちゃんに育てられ、ひいおばあちゃんはひいひいおばあちゃんに育てられ……、この脈々と続いてきた連鎖の結果が、お母さんとあなたの関係性と考えられるんです。

そんなことにまで思いを馳せてみると、どうでしょう。

「お母さんが知っていたのは厳しく育てるという愛情表現だけで、寛大に優しく育てるという愛情の表し方は知らなかったんだな」、それこそ「仕方なかったんだ」と思えてくるのではないでしょうか。

●●●「甘えちゃダメマインド」を改善するワーク

本当はいくらでも甘えていい。まったくダメなことではなく、そうしたほうが自分も周りもハッピーになれるんです。

「私は素直に甘えられない」と感じるのなら、今からでも、お母さんとの関係を改善するといいと思います。

必ずしも直に向き合う必要はありません。**ただ自分のなかで、「お母さんと自分の関係＝全人類と自分の関係」という思い込みを外すことができれば十分です。**そうすれば、「厳しく育てられた子ども時代」の記憶があっても、みんなが厳しいわけじゃないと思えるはずです。

ここでは、バーチャルでお母さんとの関係を浄化する方法を紹介しましょう。僕が親しい友人から教えてもらった、自分の思い込みを修正して望む結果を手に入れようとする手法です。

先ほども少し触れましたが、自分のお母さんが「毒親」だと思うなら、無理に実行する必要はありません。「たしかに、お母さんとの関係が今の人間関係に影響しているのかもしれない」と向き合えそうな人は、ぜひ試してください。

まず、お母さんと自分が向き合っているとイメージします。

椅子を2脚、向かい合わせに配置して、自分は片方に腰掛け、もう片方にはお母さん

が座っている姿をイメージすると、より行いやすいでしょう。

この状態でお母さんとバーチャルで対話していくのですが、それには2段階あります。

1段階目では、イメージの中で、お母さんに向かって、あなたがお母さんとの関係でつらかったところを伝えます。

「あのとき失敗して、怒られたのがすごく悲しかった。本当は慰めてほしかったの」
「どうしてあのとき、そばにいてくれなかったの？　ただ抱きしめてほしかったのに」

という感じで、つらつらと打ち明け話をしてください。

そして2段階目。今度は立場を入れ替えます。たった今、自分が打ち明けたことに対して、お母さんになったつもりで返答してみる。たとえばこんな感じです。

「そうだったんだ、ごめんね。でもね、あえて厳しく接したのは、あなたには自立した強い人間になってほしかったからなの」

お母さんは私のことが憎かったからではなく、私に対する愛情から厳しく接していたんだ。バーチャルの対話を通じて、こんなふうに感じることができたら、徐々にお母さんとの苦しい思い出が浄化されていきます。

ここでは、本当のところどうだったのかは、あまり問題ではありません。

このワークの目的は、自分のなかで「お母さんという存在」を捉え直すこと。

「お母さんも一生懸命だったんだな」

お母さんとの関係が、このように書き換わったら、「甘えちゃダメマインド」がリセットされます。きっと恋人との関係も、あなただけが過剰に尽くすのではなくて、お互いに優しさを与え合うような温かいものへと変わっていくでしょう。

「わかっている つもり」を やめてみる

TODO。

お互いの正直な思いを定期的に共有しよう

パートナーと「うれしさ」「喜び」をシェアしよう

「尽くさせる」マインドが整ってしまえば、幸せな恋愛はすぐそこです。ここでは、そのマインドをより強くするためのコツを、いくつかお話ししていきましょう。

「私に尽くすことがあなたの幸せでしょ?」といっても、実際にどう尽くしてもらったら喜べるのかは、はっきり伝えないと相手にはわかりません。

また、あなたが自分の喜びのために相手に尽くしたいと思っても、どう尽くしたら相手が喜ぶのか、それもやはり、言葉にしてもらわなければわかりませんね。

ここでも自分の「取扱説明書」が使えます。

自分は何をされたらうれしいのか。逆に何をされたらイヤなのか。やりたいことは何か。それぞれの「取扱説明書」を共有するといいでしょう。

恋愛において、さらには人生において自分が大切にしていること、価値観や考え方を早いうちに開示し合っておくと、すごく関係がよくなるんです。

取扱説明書は一方的に開示するものではなく交換するものですから、もちろん、相手の取扱説明書も尊重してあげてください。

周囲を見ていても、「幸せそうだな」と感じるカップルほど、お互いのやりたいことを尊重しているように思います。

相手が大切にしていることや、やりたいことを否定し、抑制しようとすると、逆に相手は自分を顧みなくなる可能性が高いのです。

それも、いってみれば当然なのかもしれません。やりたいことをパートナーに伝えたら「ダメ」と言われた。でも、自分の気持ちは変わらない。だったら隠れてやるしかない。こんな具合に気持ちが暴走し、たとえば趣味にとんでもない額のお金をつぎ込んだり、パートナーや家族を顧みなくなったり……なんてことも起こりかねないのです。

僕もよく、自分が胸アツになっていることを奥さんに話します。ありがたいことに、ほぼほぼ奥さんは「すてきだね。こーちゃんがそうしたいなら、いいんじゃない？」って応援してくれます。

そして応援されていると実感できるから、僕は自分のやりたいことを目一杯やりながら、家族との時間も大切にできるし、奥さんのやりたいことも全力で応援したいって思うんです。

応援されると軸足が定まって、いくら好きなことに没頭していても、糸が切れた凧みたいになってしまうのは防ぐことができるんですね。いつも楽しい気持ちで、やりたいことに向き合えるのです。

基本的には相手を尊重し、応援するという姿勢でいてあげる。すると相手も自分を尊重し、応援してくれるというように、幸せな関係性が成立するでしょう。

「本当の気持ち」しか伝わらない

取扱説明書は、すべて正直に伝えないと意味がありません。

とくに付き合いたてのころは「自分をよく見せたい」なんていう考えから、つい見栄を張ってしまいがちです。相手にはそんな事情はわかりませんから、言葉のままに受け取って、あなたを喜ばせようとするでしょう。

たとえば、本当は「焼肉が好き」なのに、つい「チーズフォンデュが好き」って伝えてしまったとします。そうしたら相手は張り切って検索しまくり、あなたの誕生日に、おいしいチーズフォンデュのお店に連れて行ってくれました。

ところが、あなたの本音は別のところにあるため、心から喜べません。もちろん、自分を喜ばせようとしてくれている相手の気持ちはうれしいけれど、本音では「焼肉食べ放題」がよかった……。

いくら笑顔で取り繕っても、「本当はこれじゃない」感は何となく伝わるものです。

きっと相手は「あれ？　おかしいな」と思うでしょう。

要するに、**自分を偽っていたら違和感が生じて当然ということ。**1つひとつは小さな違和感でも、積み重なると、いつの間にか関係が悪化しかねません。やはり正直に伝えるに越したことはありません。

相手はあなたの喜ぶ顔が見たいのですから、

「こういうことをしてもらえたら一番うれしい」

というのを遠慮なく伝えていいんです。

「正直に伝えたら嫌われるかもしれない。呆れられるかもしれない」なんて不安を感じるかもしれません。その可能性はゼロとはいえませんが、もし拒絶感を示されたら、その相手は、あなたとは合わない人だったということです。

自分を偽って付き合い続けても苦しいだけですし、本当の自分で付き合える相手と出会えるチャンスも遠ざかってしまう。幸せな恋愛の扉を開くには、自分とは合わない人を早々に見極め、サヨナラすることも大切なんです。

ふたりの「得意」と「苦手」のバランスを取る

何をされたらうれしいのか、あるいは何をされたらイヤなのか。やりたいことは何か。こうしたこと以外に、あと2つ、「取扱説明書」としてパートナーと共有するといいものがあります。

1つは、家事のなかで何が得意か、何が苦手か。

家事は毎日のことだからこそ、不満が溜まりやすいところ。夫婦や同棲カップルならなおのこと、得意な家事と苦手な家事をお互いにわかっておくことも重要なんですね。

たとえば、片方は料理が得意、片方はそうじが得意とわかれば、あっという間に役割分担が成立します。世間的な男女の役割分担なんていっさい気にせず、ふたりにとって一番心地いい形を考えることができるんです。

逆に、お互いが苦手なことも、早々に判明すれば「これだけは業者さんに外注する」「当番制にする」など、ふたりで解決策を探れます。無闇に押し付け合って、しょっちゅうイヤな気持ちになるのを避けられるわけです。

そしてもう1つ、パートナーと共有するといいのは「理想のライフスタイル」です。

ぜひパートナーと一緒に、「こういうライフスタイルで暮らしたいな」という話をしてください。「そういうの、いいね」「こういうのはどう?」と、あれこれアイデアを出し合う楽しい作業です。

これは言い換えれば「人生のビジョン」をすり合わせるということ。ふたりで同じ船に乗って人生を歩んでいこうということです。

このすり合わせができているカップルは強い。食べものの好みなど多少食い違うところがあっても、まったくブレることなくともに歩んでいけるのです。

理想のライフスタイルを話し合うことは、すでに夫婦になっている方にとっては「ふたりでどんな人生を歩んでいくか」の道しるべになります。

一方、人生のパートナーを探している最中の方には「この人は私と一緒に人生を歩む人だろうか」を見極める1つのバロメーターになるでしょう。

これら2点は、いわば「ふたり一緒の人生」をすり合わせるということです。

恋愛は恋愛として楽しむのもいいと思いますが、恋愛がうまくいくと、きっと、いず

週末は家でのんびり
年1で旅行
地方へ移住
ペットを飼う

れ同じ方向を見て一緒に歩んでいくという選択肢が生まれるはずです。

こうして「ふたり一緒の人生」のすり合わせをすることが、ずっと一緒に幸せに暮らせるかどうかの重要な鍵となるのはたしかなんです。

パートナーシップって、一緒に暮らすことについてどれだけ丁寧にすり合わせるか、そこで生じた食い違いをどう協力して解消するか、ということの連続ですから。

●●● 「取扱説明書」を共有し合う

・自分は何をされるとうれしいのか、何をされるとイヤなのか
・人生において大切にしていることは何か
・自分は家事のなかで何が得意か、何が苦手か
・自分が理想とするライフスタイルは、どんなものか

「取扱説明書」を交換するというのは、要するに、「私ってこういう人」と見せ合うこと。自分について知ってもらい、相手について教えてもらう。この人間関係における当

たり前のベースを、より意識的に、丁寧に整えようということなんです。

そして人は移ろいやすいものですから、一度共有したらおしまいではなく、折に触れ話し合うようにするといいでしょう。

「前はああいうのが好きだったんだけど、今はこういうのがすごい好きなんだ」

「料理は好き。だけど毎日、献立を考えるのがちょっとつらくなってきたかも……」

「ねえ、こんな人のブログを見つけたよ。こういう暮らしもいいかな〜って」

こうした豊かで密なコミュニケーションを繰り返すほどに、強い絆で結びついた幸せな関係の土台が築かれていきます。

TODO

「結婚できない」と一人で悩むのをやめてみる

結婚を遠ざけている思い込みは、たくさんの事例を見て消していこう

自分のなかに「そうなっては困る理由」がある

恋人が欲しいのに、できない。結婚したいのに、相手が見つからない。

これはとてもセンシティブな問題なので、僕にとっても、お話しするのにちょっと勇気がいります。

でも誤解を恐れずに、お伝えしたいことをお話ししていこうと思います。

繰り返しますが、自分の外側で起こっていることは、自分の内側で起こっていること

の反映です。「こうなってほしいのに、現状、そうなっていない」ということには、自分のなかに理由があるはずなのです。

つまり、恋愛や結婚に当てはめれば、**恋人ができないのは自分のなかに「恋人ができたら困る理由」があるから、結婚できないのは自分のなかに「結婚したら困る理由」があるから、ということ**。

さっそく反感を買ってしまいそうです。でも、その「理由」をひっくり返す方法もお話ししていきますので、もう少し読み進めてみてください。

「恋人ができたら困る理由」「結婚したら困る理由」は、たいていは過去の経験から生まれるものです。

たとえば、身近な人が恋愛で苦労しているのを目の当たりにすると、「恋愛には苦労がつきものだ」と刷り込まれてしまうでしょう。「恋人ができると苦労する」というのが、その人にとっての「恋人ができたら困る理由」です。

あるいは、ケンカの絶えない両親のもとに育ったら、「結婚はつらいものだ」と刷り込まれている可能性が高い。つまり「結婚したらつらい目に遭う」というのが、その人にとっての「結婚したら困る理由」です。

ここで、僕の実例も挙げておきましょう。

・・・ 1年と恋愛がもたなかった僕が結婚できたのは？

30代前半くらいまでの僕は、じつは恋愛がほとんど長続きしないタイプでした。春に出会って付き合っても、その冬を越せない。だからクリスマスは毎年一人ぼっち。そんな一年草のような恋愛を繰り返していたのです。恋愛がこんな感じですから、結婚などはるか遠い世界の話でした。

これは、いったい何が原因なんだろうと考えてみると、**きっと僕は結婚が怖いんだろうなと思いました。**

結婚が怖いから、結婚というものが延長線上にある恋愛も長続きしなかった。もっといえば、結婚を避けるために、みずから恋愛が短く終わるようにしていたんだ、と。

実際には振ったことも振られたこともありましたが、いずれにせよ原因は、僕の「結婚怖い」病にあったわけです。

では、なぜ結婚が怖かったのか。理由は、我が家の経済状況にありました。

僕の父はゴルフ会員権売買の会社を経営していました。

バブルのころは会員権を買う人も売る人も多かったので、父もかなり羽振りがよかった。ところがバブルが弾けたとたんに経営はみるみる下降し、ついには8億円もの借金を抱えてしまったのです。

幸い両親の仲はよかったのですが、経済的な浮き沈みに家族が振り回されなかったといえばウソになります。

そういうなかで育ったので、大人になった僕は、いつしか**「家族を経済的に振り回さないためには、3億円くらい貯めてからでないと結婚してはいけない」**なんて考えるようになっていました。

しかし、そんな額のお金を貯めるのは容易ではありません。

恋愛が長続きしたら、当然、結婚が視野に入ってきます。つまり、「恋愛が長続きして結婚の可能性が出てきたら、苦労して大金を貯めなくてはいけない」というのが、僕にとっての「恋愛が長続きしたら困る理由」だったというわけです。

今の僕は、妻と2人の子どもに囲まれて幸せに暮らしています。

でも、結婚できたのは、もちろん必死に3億円を貯めたからではありません。

「恋愛が長続きして結婚の可能性が出てきたら、苦労して大金を貯めなくてはいけない」という思い込みを解消できたからなんです。

「結婚するには3億円くらい必要」と思い込んでいたのは、20代後半〜30代前半のことでした。大金を貯める苦労をしたくないばかりに、僕が恋愛も結婚も遠ざけていたなか、周りの友人たちはどんどん結婚していきます。

「え！　そんなに貯金ないのに、なんで結婚できるの？」と驚きましたが、どうもそこはあまり重要じゃないらしい。

現に結婚式の招待状には、

「元気？　このたび結婚することになりました。全財産2500円。ご祝儀よろ！」

なんて手紙がついていたりする。

このような**「自分と違う決断をした人」に目を向けていくうちに、僕の例の思い込みもだんだんと弱くなっていきました。**

「結婚するには大金が必要だと思っていたけど、別に貯金なんてしなくても結婚していいんだ」と、友人たちに気づかせてもらったんです。

●●●「幸せな人」を見て自分をアップデートする

ここまでの話を聞いて「そんなことない！」と思った人も、その反感はちょっとだけ脇に置いて、少し自分と対話してみてください。

「私、結婚したいんだけど、なかなかいい人が見つからない。じつは何か、結婚したら困る理由があるのかな？」

こんな感じで自分に寄り添って対話してみる。すると、きっとどこかのタイミングで、その「理由」らしきものがポロッと出てくるでしょう。

そうしたら、さらに対話です。

「その理由って、あの経験が元になっているだけで、必ずしもそういうわけじゃないか

もしれないよ。いったん、あの経験から離れてみようよ」

こんなふうに対話を続けながら、今度は、自分が抱え込んでいる「理由」とはまったく別の文脈で幸せな恋愛や結婚をしている人たちに目を向けてみてください。

すると、抱え込んでいた「理由」のほうが勝手に小さくなっていき、ついには消えてしまうはずです。

僕が、お金もないのに結婚する友人たちを目の当たりにしたことで、「結婚するには苦労して大金を貯めなくてはいけない（だから恋愛が長続きしたら困る）」という理由から解放されたように。

「自分の内側に理由がある」といわれると、まるで自分の責任を問われているように感じてしまうかもしれません。

でも、そうではないというのは、もうおわかりいただけましたよね。

自分の内側にある理由は、自分と対話することやほかに目を向けてみることによって、いくらでもアップデートできるんです。今まで自分を縛り付けていた理由を手放せたときが、幸せな恋愛の出発点となるでしょう。

ToDo

自信を積み上げるのをやめてみる

はじめから100点満点の自分でいよう

何があっても崩れない「最強の自信」のつくり方

本書を読んでいる人のなかには、悲しい恋愛体験をして、すっかり自信を失っている人もいるかもしれません。

いったいどうしたら、自信を持って次の恋愛に向かうことができるでしょうか。

とても大事な話ですので、根本的なところからいきましょう。

そもそも「自信」って何でしょう？

さまざまな成功体験の積み重ねによって、自信を少しずつ積み上げるという見方もあります。ただ、そういう自信は、「自信の根拠となっている成功体験」が否定されると一気に崩れてしまいます。

「○○だから、自信がある」という条件によってつくられる自信は、その条件に疑問符がついたとたんに、条件もろとも無力化する。要するに強いようで弱いんです。

「最強の自信」とは、こんなふうに崩れる危険のない自信です。

それは、成功体験などの条件によってつくられる自信ではなく、無条件の自信。

「○○だから、自信がある」ではなく、「何もできなくても自信がある」というこ

とです。

そもそも条件がなければ、条件もろとも崩れようがありませんよね。だから無条件の自信は最強といえるのです。

「何もできなくても自信がある」なんて、そんな自信は身につけようがないと思ったかもしれませんが、それは勘違いなんです。

「最強の自信」は、身につけられないのではなく、身につける必要がない。そもそも後付けで身につけるようなものではない。つまり、すべての人が無条件に持っているものなのです。

すでに「ある」ことに気づきさえすれば、その瞬間に、あなたのなかに無条件の自信が備わります。

「最低最悪の自分」にもオッケーを出す

そうはいっても、まずは、無条件の自信が「ある」ことに気づけなければいけませんよね。

1つコツを紹介しておくと、「最低最悪の自分」にもオッケーを出すこと。

これは短所を見ずに長所だけを見て、自分を褒めるということではありません。最低最悪の短所があることもすべてひっくるめて、「自分という存在は素晴らしい」、そう実感できると、変にあがかなくなって、自分のなかでヒョコッと花の蕾が開くように無条件の自信が備わるのです。

そうなるには、やはり「無条件で愛された経験」を味わい直すことがもっとも効果的です。

この世に生まれた瞬間から、誰もが無条件に愛されていた。赤ちゃんのときのみならず、幼少期から今現在に至るまで、同じようなことが繰り返し起こってきた結果、今のあなたがあることは間違いありません。

「何もできなくても愛された」という経験は、「何もできなくても自信がある」という無条件の自信の源です。

そこに存在するのは、とにかく「ある」という意識だけ。

自分の悪いところ、「ある、ある」。自分のいいところ、「ある、ある」。だから「ない、ない」探しをして苦しい思いをするっていうことがなくなるんです。

無条件の自信が備わると、「これができない、あれもできない」と自信喪失に陥ることはなくなるでしょう。「恋愛で失敗しちゃった。こんな私ってなんてダメなんだろう……」なんて思うこともなくなります。

このあたりが腑に落ちてくると、今後は**「私ったら最初から100点満点なの」**という意識で、恋愛に臨めるようになるでしょう。

すでに「ある」スタートだから、自分磨

私すでに
100点は
取れてるので
できた
こんなのもできた
意外とできた
よくできた
あれもできた
これもできた
100点

きもぜんぜん苦しくありません。どんな小さな前進だって幸せです。

もともと100点満点なら「満点を目指す」必要もなければ、「満点とのギャップに落ち込む」こともありません。101点、102点、110点……と加算されて「満点以上の自分」になっていくのって、ものすごく幸せな気持ちです。

そして、もはや言うまでもないでしょうけど、そういう健康な自信に満ちあふれた人ほど、幸せな恋愛体質といえるのです。

終 章

本音の純度を高める

封印シールから「本音」を解放する

・・・「心の麻痺」のリハビリをしよう

嫌われたくないから、認められたいから、あるいは愛されたいがためにがんばることは、あまり自分を幸せにしてはくれない、という話、いかがでしたか？

そのがんばり方をやめてみることで、自分の本音に従って幸せに生きるスタート地点に立てるというわけなんです。

ただ、ここでまた1つ課題に直面する人も多いと思います。

「自分が本当は何をしたいのかわからない」

今まで、自分を抑えて生きてきたので、急に「本音に従って生きよう！」と言われても「あれ、自分の本音って……?」となってしまうのです。みんなと仲よくすること、仕事で褒められること、恋人に喜んでもらうこと。これらを本音だと思い込んでいた人には、「ありのままの自分で生きる」のハードルが高くなっているのかもしれません。

これは、心の麻痺とも言えます。

幼いころは、誰もが「これやりたい!」「あれやりたい!」と好奇心いっぱいで、毎日、わくわくしていたはずです。

僕の子どもたちも、公園に行けば「どんぐり拾いたい!」、家にいれば「お絵描きしたい!」「ニンテンドースイッチやりたい!」と、つねにやりたいことだらけです。

何かにどうしようもなく惹かれるという心の動きは、人間本来のものです。

現状、それが感じられないとしたら、誰かのために自分を抑えてがんばっているうちに、心が麻痺してしまっているのでしょう。

となれば、今、必要なのは、どうしようもなく何かに惹かれる心の動きを取り戻し、素直にそちらに向かっていけるよう、心のリハビリをすることです。

そこで最終章となる本章では、今後の幸せな人生に向けて、自分の本音を見つける方法をお話ししていきます。

・・・「やりたい」と「やりたくない」は同時に見えない

21ページでも少しお話ししたことですが、何かを「見つける」には、何かを「捨ててみる」のがもっとも手っ取り早い方法です。

「やりたいこと」を見つけるには、まず、「やりたくないこと」をはっきりさせてしまいましょう。

今まで幸せでないがんばり方をしていたというのは、自分に我慢や無理をさせて、決して自分に優しくはなかったということです。

ここまで本書を読んできたなかで、自然と、本音を隠してしまう「封印シール」が剥がれた人もいるでしょう。

それなのに、「やりたいこと」が見えてこない。そんな、心が麻痺してしまっている人に最初に自覚してほしい本音は、

「これ、やりたい」ではなく「これ、やりたくない」なんです。

本音というと「これ、やりたい」というものをイメージするかもしれません。

それがすぐに見つかれば言うことなしですが、**「やりたくないこと」を我慢しながら、同時に「やりたいこと」を感じることはできません。**

人はポジティブな刺激より、ネガティブな刺激を察知しやすいようにできています。

わくわくするような「やりたいこと」が見えない人でも、「これは嫌だ」というものは、割とすぐに思い当たるのではないでしょうか。

●●●「やりたくないな〜」と言うだけで現実は変わる

やめる、捨てる、という行動でさえ、少なからずエネルギーを使います。なので、まずは「これ、やりたくない」と自覚するだけでオッケーにしましょう。

なぜなら「私は、これをやりたくないんだなあ」という本音に気づくことが、ここでの第一の目的だから。

我慢して「やりたくないこと」をやってきたのには、何か理由があるはずです。

今までお話ししてきたとおり、それは嫌われたくないとか、認められたいとか、尽くしたいといった気持ちですが、**さらに奥深くで共通しているのは「愛情」です。**

周りの人たちのため。幸せでないがんばり方は、自分以外の存在に対する愛情に支えられている場合がほとんどでしょう。我慢の裏側には、大きな愛情があるということなのです。

「はじめに」でもお話ししたように、幸せでないがんばり方をしてしまう人は、根本的に優しい人なんです。

そんな愛情あふれる自分を、まず褒めてあげましょう。

そして「本当はやりたくない」という気持ちも含めて自分を慰め、労います。

「周りへの愛情のために、私なりに一生懸命だったんだよね」
「こんなに愛情にあふれてる私って、素晴らしいね」
「そっか、今まで我慢していたけど、本当はやりたくなかったんだね」

やめたくても、すぐにはやめられないことは、「本当はやりたくないんだよね〜、ウケる」なんて心の中で笑いながら続けましょう。

やりたくないことから解放こそされていませんが、「やりたくない」という気持ちに自分でオッケーを出していることに意味があります。

すると不思議なことに、今まで我慢してきた現実のほうが遠ざかっていく。自然と、やりたくないことを、やらずに済むようになっていくことも多いんです。

このように、「やりたくないこと」が心の中でも現実でも削ぎ落とされるにつれて、自然と、やりたいことも見えてくるでしょう。**「嫌い」にオッケーが出るほどに、「好き」を感じ取るセンサーが働くようになるのです。**

「やりたいこと」は壮大なモノじゃない

小さな「これ、やりたい」を叶えていく

まず「やりたくないこと」を自覚することで、「やりたいこと」が少しずつ見えてくる。心の中のノイズを取り除くようなものですね。

ここでようやく見えてくる「やりたいこと」は、意外なほど「ささやかなもの」だったりします。まるで雷に打たれるように「これだ!」と壮大なビジョンが浮かぶわけではありません。

そう聞いて、急激に明るい未来が開けることを期待していた人は、ちょっとガッカリしたかもしれません。

でも、今やろうとしているのは「好き」のセンサーを少しずつ回復させること。心の

リハビリです。

体のリハビリでも、急に全速力で走ったり重いものを持ち上げたりしたら、また体を壊してしまいます。

リハビリとは、小さな一歩を積み重ねることで、少しずつ回復させていくもの。

心のリハビリもまったく同じで、急激で大きな変化を期待するのではなく、ユルッとした小さな変化を味わうことが大切なんです。

たとえば僕は、昔から自転車が大好きです。

20代のころには、自転車でオーストラリアを一周しようなんて無謀な冒険を試み、今ではイタリアの自転車にすっかり心を奪われて、けっこう散財してしまっています。今また、自転車熱が最高潮にまで高まっているのです。

なぜ自転車に乗るのかといったら、大した理由なんてありません。自転車に人生のビジョンを見出しているわけでもなければ、自転車に乗ったら儲かるわけでもない。

ただ、かっこいい自転車で風を切って走るのは本当に気持ちいい！ その快感がたまらないから、週に何度か自転車にまたがって、50キロとか100キロとか走りまくっているわけです。

ご存じのとおり、自転車に乗ることに生産性なんてありません。でも、乗りたいから乗る。気持ちいいから乗るのです。

あなたもぜひ、人生のビジョンやら生産性やらは置いておいて、純粋に「やりたい」と思ったことを優先してみてください。

たとえば、「今日のランチは、ちょっと足を延ばして、あの評判の店に行きたい！」といったことでもいいんです。

今までは昼休みの時間を気にして我慢していたところを、何か外出の口実をつくって行っちゃう。そこに大層な理由はいりません。ただ「行きたいから行く」「食べた

お昼休憩の12時
までは、デスクで
仕事しないと…
外出ついでに
早めにお昼ごはん
行っちゃお〜！
では
行ってきまーす！
あのお店
いける
かな-？

いから食べる」だけです。

こういう、小さな「やりたいこと」、以前の自分だったらやらなかったような、ちょっと「ロックでパンクなこと」を叶えていきましょう。

すると、その1つひとつがプチトリガーとなって、だんだんと大きなものが見えるときが来ます。自分の本音に従って幸せに生きるというのは、こんなふうに実現していくものなんです。

だから、最初は自分の本音を過大評価せず、小さなことから少しずつ。そういうつもりで、小さな「やりたい」を、自分のためにちょこちょこ叶えてあげてください。

●●● 自分を甘やかすほど、みんなが優しくなる

このように、自分の小さな「やりたい」を叶えていると、じつはもう1ついいことがあります。**自分に優しくなる分、人にも優しくなれて、周囲の人間関係がどんどん優しいものになっていくんです。**

自分と他者の関係性は、自分と自分の関係性の反映であるというのは、今までにも繰

り返しお伝えしてきましたね。同じ法則が、ここでも当てはまります。

先ほど挙げた例でふたたび考えてみましょう。

「今日のランチは、ちょっと足を延ばして、あの評判の店に行きたい！」と思った。だけど、ここでは「昼休み中に戻れないから、やめておこう」と我慢することを選んだとしましょう。

そんな矢先に、もし同僚から「今日のランチ、打ち合わせ外出のついでに、あの評判の店に行っちゃった～！」と聞かされたら、どう感じるでしょうか。

きっとイラッとするでしょう。「私は我慢してるのに、この人だけずるい！」って。

心の中で毒づくだけでなく、「そういうのって、どうかと思うよ」「会社員としてダメじゃない？」なんて苦言を呈してしまうかもしれません。

こんな具合に、**自分が我慢していると自由な人が気に食わなくなり、周りにも我慢を強いたくなるのです。**

そういう人は、何となくギスギスした気難しい空気を醸し出しているものです。すると優しい人より厳しい人が集まってきやすくなり、結果として、周囲の人間関係も気難しくなってしまうというわけです。

さらに、自分に優しくない人は、なかなか素直になれません。

たとえば、軽々と成功している人と話す機会があっても、やはり「私は我慢してるのに、この人だけずるい！」という怒りが先に立ってしまいます。「どうしたら成功できるんですか？」と素直に教えを乞うことができません。

その代わり、「もっと苦労しないと成功できないよ」という人の言葉ばかり入ってきてしまう。**本当はもっとラクに成功できる方法があるはずなのに、わざわざ苦労する方向へと自分を運んでしまうのです。**

自分の小さな「やりたい」を叶えるようになると、これと正反対のことが起こります。

「今日のランチ、ちょっと遠いんだけど、あのお店に行ってみない？」なんて誘いにも「いいね、行こう行こう」って乗れるようになるでしょう。

ラクに成功している人と話す機会があったら素直に教えを乞い、実践に移すこともできるでしょう。

あらゆる場面で、こういう優しさの連鎖が起こるようになります。

●●● 我慢していた自分は許してあげよう

ここで1つ、注意してほしいことがあります。

もし自分に我慢を強い、人にも我慢を強いたがっていたとしたら、その以前の自分を、決して否定しないであげてほしいんです。

じつは過去の自分をどう捉えているかというのも、今の人間関係に反映されます。過去の自分を否定していると、今の自分を否定する人が近づいてくるものなのです。

「あのころの私、一生懸命だったな」「よく耐えてたな」という気持ちがあれば、たとえ否定的な人と出会ったとしても、**「あのころの私と同じニオイがするな」「この人なりに一生懸命なんだろうな」**という慈愛に満ちた接し方になるでしょう。

すると、その雰囲気は相手にも影響し、否定的な人でも、なぜか自分のことは否定してこなくなるのです。

先ほども言ったように、自分の小さな「やりたい」を叶えていると、自分に優しくなるぶん人にも優しくなれます。

周囲の人間関係が優しいものへと整っていく。それに伴い、苦しみよりも喜びとともにある道を、自然と選べるようになるのです。

「わくわく」と「エセわくわく」の見極め方

・・・「わくわく」は不安や恐怖とセットでやってくる

今までお話ししてきたように、「嫌い」にオッケーを出すと「好き」の感度が鋭くなります。

そして「小さなやりたいこと」をちょこちょこ叶えるうちに、だんだんと「本当にやりたいこと」が見えてくるんです。

これは自分から追い求めるというより、向こうからふわっと現れる感じ。

まるで天が「あなたのやりたいことって、こういうことなんじゃない？」と差し出してくれたみたいに目の前に現れます。

こうして見えてくる「本当にやりたいこと」には、1つ特徴があります。**もちろんわくわくするのですが、それと同時に「不安」「恐怖」も感じるのです。**

「うわ、まじでやりたいことってこれかも……。でも、やばい！　怖い！　どうしよう?」

体が震えるのは、わくわくのせいなの？　それとも不安のせいなの？　という感じで、わくわくと不安や恐怖がごちゃ混ぜになって心がザワザワする。

じつは、それこそ「本当にやりたいこと」らしきものが見えた瞬間なのです。

じつは今、僕は英語と政治経済の勉強をがんばっています。学生時代から勉強が大嫌いだったのに、自分でもびっくりです。

きっかけは、あるご縁で、ダボス会議のパーティーに参加する機会に恵まれたことでした。世界を代表する政治家や実業家、王族が一堂に会する、すごいイベントです。ミーハーな僕は「どこかのエラい人と、友だちになっちゃったりして」なんてわくわくして行ったんですが、そんな気持ちはあっという間にしぼんでしまいました。

何せ、かつて身につけたバックパッカー英語では、まったく歯が立たない！　ところどころ聞き取れても、「政治が〜」「何々の文化が〜」とか話していて、会話に入れないのです。

せっかくのチャンスを、英語力と教養の低さのせいで活かせなかった。これにはさすがに落ち込みました。

でも、そのあと、ああいう人とコミュニケーションを取れている自分の姿を想像すると、わくわくしてきたんです。

「やべ、英語ペラペラしゃべれる俺、超かっこよくね？」

って。

そんな「未来の自分」にきゅんきゅんしちゃいました。だけど最初はかなり怖かったし不安だったんです。だって、がんばって勉強したのに、結局コミュニケーションを取れなかったら、つらいじゃないですか。

新しい世界には何が待ち受けているかわかりません。元の場所で、元の僕のままの活動を続けるほうが心地いいに決まってる。

それでも、やっぱり新しい世界を見たかったから、僕は勇気をふり絞って一歩踏み出してみたんです。

「エセわくわく」はど真ん中の本音じゃない

「迷ったら、わくわくするほうへ進め」とはよく言われますが、ちょっと厄介なのは、偽物のわくわくに惑わされる場合があることです。

この「エセわくわく」を見極める目を養っておかないと、本当は自分のど真ん中でないものを、「これこそが自分のやりたいことだ」と勘違いしてしまう可能性があるんです。

たとえば、今いる会社があまり好きでないとします。仕事はひととおり覚えた。でも上司との折り合いもよくないし、やってみたいことがあるのに挑戦しづらい環境で、日々、不満が募るばかりです。

そんなある日、社内のある部署へ異動できる可能性があると聞きました。今の仕事よりもラクそうな業務内容で、「いいな」「この部署に行きたいな」って思いました。

ところが別のある日、友だちに会社の不満をこぼしていたら、「だったら思い切って転職しちゃえば?」と言われました。「転職したら、今の会社でできないことにも挑戦できるんじゃない?」——そう聞いて心が大きく動きました。

たしかに転職したら、あんなことにもこんなことにも挑戦できるかもしれない。いいな。でも、いざとなると足がすくんでしまう。今より条件が悪くなるのは怖いし、人間関係もうまくいくか不安……。

どちらが「本物のわくわく」か、もうわかりますよね。この場合は、後者の「転職」のほうが明らかに「本物のわくわく」です。前者の「異動」は、自分のど真ん中ではない「エセわくわく」である可能性が高いのです。

「本物のわくわく」も「エセわくわく」も、たしかに、わくわくします。「いいな」って思います。

でも、「エセわくわく」には、不安も恐怖もありません。

これを「本物のわくわく」だと思って選ぶと、あとから「こんなはずでは……」となってしまうかもしれません。いってみれば、不安や恐怖を感じるかどうかが、エセと本物を見極めるポイントといっていいでしょう。

「本当にやりたいこと」は、あなたにとってものすごく重要なことです。ものすごく重要だからこそ、自分のど真ん中だからこそ、いざその方向に進むことを想像すると急に怖くなってくるわけです。

好きな人に告白するときと似ているかもしれません。

「この人と付き合えたら……！」と思うとわくわくするけれど、簡単には「好き」なんて言えません。

せっかくデートにこぎつけたのに、いざ当日になると「好きです、付き合ってください」が言えない。「うん、今日は履こうと思った靴下が裏返っていたから幸先が悪い。やめておこう」なんて先延ばしにする

ちょっと勇気がいる
本物のわくわく
これ
どっちを選べば
いいんだろー!?
険しい
道のり
だけど…
わー
すぐ手が届く
エセ
わくわく

理由をひねり出したり。

わくわくすると同時に、本当は不安で怖くてしょうがなくて、「好き」って告白しようと思うたびに足がすくんでしまう。

「本当にやりたいこと」が目の前に現れたときって、まさにこんな感じで、わくわくする一方、心の中で強いブレーキが働くものなんです。

●●●「怖い！」と思ったら「やる！」

というわけで、本物のわくわくは、たいてい「不安」や「恐怖」とセットになっていると心得ておけば間違いないでしょう。

「やりたいこと」らしきものが見えたときに、ただわくわくするだけか、それとも同時に不安や恐怖も感じるか。

わくわくだけだったら、それは「エセわくわく」である可能性があります。

もし「怖い、どうしよう?!」と不安や恐怖を感じたら、それこそ、「行け!」「やれ!」という天からのメッセージなのです。

今ここで、わくわくと同時に不安や恐怖も感じたら「やる」と決めちゃいましょう。

決めずにいると、不安や恐怖から逃げたいあまり、「本当にやりたいこと」を逃しかねません。

すると今度は、今までの流れに逆行するようにして「好き」の感度が下がっていきます。**人生に対する情熱ごと失われてしまうかもしれません。**

今までは、「本当にやりたいこと」には不安や恐怖がつきものだと知らなかっただけ。「本当にやりたいことは不安や恐怖とセットなんだ」と知った今から、向き合っていけばいいのです。

もちろん、やりたいことに飛び込む瞬間は怖いでしょう。

でも、飛び込んでみたら意外と大変じゃないことも多いのです。

これは「熱いお風呂」と一緒。入る瞬間は「熱っ!」ってなりますが、全身を浸してしまうと「ああ~、気持ちいい」と極上の気分になりますよね。

やりたいことも、怖いのは飛び込む瞬間だけの場合がほとんど。ひとたび飛び込んでしまったら、あとはわくわくだけで突き進んでいけます。

「やってみた」あと、すぐやめてもいい

ちなみに1つ付け加えておくと、「これだ！」と思って飛び込んだが最後、それを死ぬ気で続けなくてはいけないわけではありません。

たとえ「本物のわくわく」を感じたとしても、途中で「やめたい」と思う場合もあるでしょう。人間は移ろいやすいものですから。

そうなったときも、基本は変わりません。

自分が「こうしたい」と思うようにするのが一番です。**「やめたい」と思ったら、その本音に従ってあげてください。**

「逃げるのは悪いことだ」「そんなの無責任だ」という我慢や忍耐は、もうナシです。

そこは天が準備した、あなたの輝ける場所ではなかったのですから、さっと退いたほうがいいんです。

こういう軽やかな方向転換を可能にするためにも、やりたいことに飛び込むのは早い

ほうがいいでしょう。

気持ちが募り募ってから飛び込むと、気持ちのウエイトが大きくなっているだけにしがみつきやすく、後に退きづらくなってしまうからです。「怖いけど、よし、やってみるか」くらいがちょうどいい。

本物のわくわくは不安や恐怖を伴うので、どうしても先延ばしにしたくなります。「リスクが大きすぎる」「今やっていることの責任が」「今は時期が悪いから、ちゃんとタイミングを計らねば」なんてもっともらしい理由をつけて、わくわくにくっついている不安や恐怖から逃げようとする。

だから、やっぱり先ほども提案したように、不安や恐怖も同時に感じたら「やる」と決めておくことが大事です。

あとでやめても方向転換してもいいから、「本物のわくわく」が訪れたときは、とりあえず問答無用で「やる！」のです。

「ううむ、やるべきか、やらざるべきか」という迷いにハマる前に、「よし、やってみるか！」「やってみよう！」って、自分の背中をポンと押せるようにしておきましょう。

「最強の助っ人」が集まるメカニズム

●●●「超天才」を集結させるには？

たとえば、やりたいことを実現するのに、10の異なる分野の能力が必要だとします。

一人で抱え込まなくていいというのは、2章でお話ししましたね。

自分が苦手とすること、嫌いなことには、必ず、それを得意とする人、好きだという人がいる。その人たちを「活躍させてあげる」と考えて、どんどん頼ろう、甘えようという話でした。

やりたいことを実現していく場合も、この考え方でいきましょう。

異なる才能を持った人たちの手を借りる。それも「ずば抜けた才能」を持っている人たちの手を借りることができたら最高です。

せっかくやりたいことに飛び込むのです。あなたの「苦手」や「嫌い」について、単に「得意」「好き」ではなく、「とびきり得意」「とびきり好き」な人の手を借りたいと思いませんか？

あなたにはやりたいことがあって、実現させようとしている。では、それにかける思いはどれくらいでしょうか？

人の手を借りるとしても、自分が担う部分はあるはずです。その力量はどれくらいのものか。

これらのレベルが、イコール「手を借りる人たちのレベル」になると考えてください。

思いや才能のエネルギーを高めれば高めるほど、そのエネルギーに見合った人が集まってきます。これこそが、本当の「がんばり時」といっていいでしょう。

がんばるといっても、誰かのために自分を犠牲にしてがんばるのではありません。純粋に自分のやりたいことを実現するためにがんばる。未来の自分にきゅんきゅんしながら、楽しんで努力できるはずです。

「快楽」には2種類ある

自分のやりたいことを実現するには、いろんな才能が必要だと思うと、「無理かもしれない」と不安になるかもしれません。

その不安はひとまず置いて、自分にできるところに一点集中です。

できることだけやればいいと思えば、わくわくできるはず。

「もう誰も私を止められない。わ〜！　やってやる！」

という高揚感。そして、こんなふうに苦しみではなく喜びとともに努力すると、びっくりするくらい才能って磨かれるものなんです。

努力というと、死にもの狂いでがんばるというイメージが湧いてしまいそうですが、違うのです。

「わかりやすい快楽」があると思うと、人はがんばれる。ここで言っているのは、それくらいのがんばり方です。

たとえるならば、サウナでしょうか。

どうして好き好んで90度ほどもある蒸し暑い室内に繰り返し自分を放り込むかといっ

たら、その後に、えもいわれぬ快感が待っていると知っているからですよね。

快楽には「未来に得られる快楽」と「すぐに得られる快楽」があって、やりたいことを叶えていくには、この両方が必要です。

未来に得られる快楽にはきゅんきゅんしつつ、とりあえず、すぐに得られる快楽のためにがんばる。世間的な努力の概念とは違うかもしれませんが、それが、「どんどん味方が増える人のがんばり方」といえるのです。

何となくイメージはつかめてきましたか？

単純に何かにハマるということ。「努力」「がんばる」というと、どうしても「我慢」や「忍耐」が浮かんでしまうのなら、「ハマる」と言い換えてもいいでしょう。

いくら自分が実現させたいことでも、何でも自分でやろうとすると、さすがに熱を保つのが難しくなってきます。

でも「よし、とりあえず私は、ここだけがんばろう！」と一点集中で取り組むと、ものすごい思いや才能のエネルギーが生じるんです。虫メガネで太陽の光を集めると火がつくみたいに。

すると、そのエネルギーに見合った人が集まってくるわけです。

自分から「こういうこと、やりたいんだけど一緒にやらない？」「協力してくれないかな？」って伝えたら、「やるやる！」といくつも手が挙がるイメージです。

こんな具合に、最初の「無理かもしれない」は、自分の才能が磨かれることで勝手に解消してしまう。「できることをやろうっと。あとはどうにかなるでしょ」って思っていれば、本当にそうなっていくでしょう。

本音をぴかぴかに磨き上げる

とりあえず「叶う」ってことにしておこう

まず、ここまでの話をまとめるところです。

「やりたくないこと」を自覚し、オッケーを出すと、ノイズが取り除かれて「好き」のセンサーが鋭くなります。

そこから小さな「やりたい」を叶えていくうちに、いずれ大きな「好き」「やりたい」が見えてくることがあるでしょう。そうなったら、自分がわくわくするところに一点集中。思いの熱量を高めます。

こうして「本音の純度」が高くなると、それはありありと周囲にも伝わるものです。言外に伝わるだけでなく、たとえばリラックスしているときにポロッとこぼした本音に、周りの人が共感してくれることも多いんです。

そのなかで、自分の思いや才能に見合う助っ人が現れるというわけですね。

「これ、やりたくない」であれ「これ、やりたい」であれ、自分の本音が聞こえたら「そうなんだね」と共感してあげてください。

こんなふうに本音をよしよししてあげると、不思議なことに、本音のとおりに現実のほうが変わっていきます。


かといって四六時中、そのことばかり考えなくてはいけないわけではありません。

ここで僕がお伝えしたいのは、**「意図」の力**です。

やりたいことを実現するために死ぬほど努力するとかではなく、**「叶ったらいいね」「叶ったらこうしたいね」というふうに、ただ「意図しておく」ということです。**

今の仕事や生活、すべてをやりたいことに全集中させようとしたら、それはそれで必死感が漂って楽しくなくなってしまうでしょう。

するとネガティブパワーで、やりたいことを叶える流れに強くブレーキがかかってしまうのです。

やりたいことって、実現するときにはびっくりするぐらいあっさりと実現します。

・本音をよしよしすること
・小さな「やりたい」をちょこちょこ叶えること
・自分にできることだけ、わくわくしながら努力すること

これらは、いずれやりたいことがあっさり叶っていくためのベースとなります。

気合いを入れて必死にならなくても、苦労しなくても、叶うときに叶うもの。逆に、叶わないのは、まだ叶うタイミングではないのです。

僕たちは、やりたいことが叶うベースを整えるだけで、実際に叶うタイミングは天が決める、と考えてもいいかもしれません。

叶った未来を何となく「意図」しておくだけでいい。「どうしたら実現するかはわからない」、だけど「実現する、そうなるってことにしておこう」という感じです。

つまり、「叶うこと」前提の意識でいるということ。

このように「意図」しておくと、実現したいことに関するアンテナも鋭くなります。するど自然とそのことに関する情報を捉えやすくなるでしょうし、情報を捉えたら、なんだかじっとしていられなくなって、動き出したくなるはずです。

さらには向こうからチャンスがやってきたり、協力してくれる人が現れたりと、どんどん叶うほうへ叶うほうへと風が吹き始めるんです。

僕が、ダボス会議で世界の王族と接する機会に恵まれたのも、じつは「意図」のおかげだったんじゃないかと思います。

「いずれふたりで世界を飛び回って、世界中のすごい人たちと友だちになれたらいいね。そんで、争わずに幸せになれる方法とか語り合えたら最高じゃない？」

——奥さんと結婚したとき、ハネムーンの飛行機のなかでこんな会話をしたことが思い出されます。

はい、わかってます。壮大すぎるし無謀な話ですよね。

でも、「叶うこと」前提で何となく暮らしていたら、実際、世界のすごい人たちに手が届くところまでは行けたんです。そのチャンスを活かしきれなかったわけですけど。

だから、今度こそチャンスを活かせるように、今も、「そうなったらいいな」っていう将来の自分たちの姿を意図しているところ。かつての意図が、経験を経てちょっとアップデートされた感じです。

叶う夢が超ビッグになる「意図」の力

「意図する」というのは、言い換えれば「世界を信じる」ということ、といってもいいでしょう。

一から十まで自分で背負って、自分一人の力で叶えようとしている人って、要するに自分のことしか信じていません。

だけど、自分一人でできることなんて、たかが知れています。

自分一人で実現しようとすると、「実現させる方法＝自分ができる方法」となり、実現する可能性に制限がかかってしまう。そのため、必要以上に時間や手間がかかることも多いでしょう。

自分を過小評価してほしいわけではありません。

ただ、人にはそれぞれ異なった才能があるのだから、自分一人でどうにかしようとせずに「人の助けを借りること」前提、もっといえば**「やりたいことは周りの人が叶えてくれること」前提**で考えない手はない、という話なんです。

あっさりと大きなことが実現する人たちは、おそらく、そのあたりがよくわかっているんだと思います。

自分以外の「よくわからない力」ありきで未来を見ている。

やりたいことを実現させるのは自分一人ではなく、「周りの人や環境が叶えてくれること」前提で考えているんですね。

すると、ぶわっと可能性が広がります。単に実現する可能性が高くなるだけでなく、実現する規模がとんでもないことになっていくことも多い。

思いもよらないビッグチャンスが舞い込んだり、思いもよらない大物と知り合ったりと、「自分一人では、こうはならなかったよね」というミラクルがどんどん起こり始めるのです。

おわりに

もしも自分がすてきな出会いに恵まれ、すてきに成長したら、どんな10年後を生きているだろうか？

ちょっとイメージしてみてください。

できれば自分がお気に入りの場所で、お気に入りの香りや飲み物を楽しみながら考えてみましょう。

そして、どんな笑顔で、どんな日常を過ごしているのか、思いつくまま大胆にイメージを膨らませてみるのです。

すてきな未来の自分を思い描いたら、その未来の自分をメンターにしてみましょう。

もしも今、ワクワクする道を選べず、不安になっていたら、そっと10年後の自分にアドバイスをもらうのです。

どうでしょうか？

結構いいアドバイスをしてくれませんか？

そんなにいいアドバイスがもらえなかったよという人は、今度は10年前の自分に優しく寄り添ってみましょう。

「あのとき結果は出なかったけど、よくがんばっていたよね。よく知ってるよ」

「いっぱい抱えていたけど、手放しても大丈夫なんだよ」

と、過去のがんばっていた自分に優しく声をかけてみるのです。

過去の自分に優しくなれると、未来の自分も優しくなれます。

これはやるべきかな？　やらなくてもいいかな？　と迷ったとき、すてきな10年後の自分に聞いてみてください。

きっと、優しいアドバイスをもらえるようになると思います。

そう、未来の自分はいろいろ知ってます。

自分のメンターでもあります。

「すてきに成長した10年後の自分から、今の自分にふさわしい言葉をかけてもらったり、答えをもらったりする」

これを今、僕は「マイグレートメンター」と呼んで、たくさんの友人たちと共有しています（より詳しい考え方を知りたい方は、ブログなどに記載していますので見てみてください）。

ぜひ「素晴らしい未来の自分」からアドバイスを受けてみてください。

「苦手を手放して、好きなことをやろう」と、優しい言葉をかけてもらえると思います。

本書を最後までお読みくださりありがとうございます。

自分の本音をとても大切にしてる人は、自分にとても優しい人です。

とても優しい人は、他人にも優しい人です。

そんな優しい人が、あなたから広がっていき、素晴らしい世界となりますように。

2021年3月、コロナ禍でも希望を膨らます、東京の自宅にて

本田晃一

本田晃一（ほんだ・こういち）
1973年1月生まれ。1996年にオーストラリア大陸を自転車で横断。バックパッカースタイルで世界を回る。そのとき、オーストラリアで多くの人がインターネットにふれていることに刺激を受ける。帰国後、父のゴルフ会員権売買業を手伝う。ゴルフ会員権を購入されるお客様は、経済的に豊かなだけでなく、生き方も豊かな方が多く、たくさんの助言をいただく。お客様のアドバイスをベースに、2年かけてホームページを立ち上げ、年商は10億円超を記録。富裕層のお客様から、愛されるビジネスの構築だけでなく、家族との幸せな時間を大切にするために、自由なプライベートの時間を確保する秘訣も教わる。
当時は、インターネットが普及し始めた2000年で、「ネットマーケティングのパイオニア」と呼ばれ、コンサルや講演依頼が殺到したものの、自分の時間を大切にしたく、講演よりも多くの人に届けられるブログや公式ホームページ等を通して情報を配信し始める。
「お客様から愛されながら会社を発展させる」ことだけでなく「忙しい経営者がどうやって自由なプライベートの時間を確保し家族と楽しめるか」という自由なライフスタイルを提唱。2007年、日本一の個人投資家・竹田和平氏から後継者としての打診を受け、和平哲学の素晴らしさに感銘を受け、気づけば500泊寝食をともにし、多くの帝王学を学ぶ。2010年の結婚を機に学んだ、家族関係や人間関係など、幸せに生きるヒントをまとめ「世界一ゆる〜い幸せの帝王学」としてブログなどで配信中。主著に『はしゃぎながら夢をかなえる世界一簡単な法』『なんか知らないけど、強運が舞いこむすごい習慣』（どちらもSBクリエイティブ）などがある。

本田晃一 公式サイト：http://hondakochan.com/

なんか勝手《かって》に人生《じんせい》がよくなる　やめることリスト

2021年4月20日　初版第1刷発行

著　者　本田晃一《ほんだこういち》
発行者　小川 淳
発行所　SBクリエイティブ株式会社
〒106-0032　東京都港区六本木2-4-5
電話：03-5549-1201（営業部）

ブックデザイン　喜來詩織（エントツ）
カバーイラスト　makomo
本文イラスト　ナカニシヒカル
DTP　アーティザンカンパニー株式会社
編集協力　福島結実子
作家プロデュース　山本時嗣
編集担当　小倉 碧、鎌田瑞穂
印刷・製本　株式会社シナノパブリッシングプレス

本書をお読みになったご意見・ご感想を
下記URL、または左記QRコードよりお寄せください。
https://isbn2.sbcr.jp/08194/

落丁本、乱丁本は小社営業部にてお取り替えいたします。
定価はカバーに記載されております。
本書の内容に関するご質問等は、小社学芸書籍編集部まで
必ず書面にてご連絡いただきますようお願いいたします。

©Koichi Honda 2021 Printed in Japan　ISBN：978-4-8156-0819-4